Handbook of Copyright Application and Rights Protection Knowledge

著作权应用与维权知识手册

北京市文学艺术界联合会
北京大学法学院/知识产权学院 /编著

北京大学出版社
PEKING UNIVERSITY PRESS

图书在版编目(CIP)数据

著作权应用与维权知识手册/北京市文学艺术界联合会,北京大学法学院/知识产权学院编著.—北京:北京大学出版社,2018.3(2021.9重印)
ISBN 978-7-301-28918-1

Ⅰ.①著… Ⅱ.①北… ②北… Ⅲ.①著作权法—中国—手册 Ⅳ.① D923.41-62

中国版本图书馆 CIP 数据核字(2017)第 264900 号

书　　名	著作权应用与维权知识手册 ZHUZUOQUAN YINGYONG YU WEIQUAN ZHISHI SHOUCE
著作责任者	北京市文学艺术界联合会 北京大学法学院/知识产权学院　编著
责 任 编 辑	孙战营
标 准 书 号	ISBN 978-7-301-28918-1
出 版 发 行	北京大学出版社
地　　址	北京市海淀区成府路 205 号　100871
网　　址	http://www.pup.cn
电 子 信 箱	law@pup.pku.edu.cn
新 浪 微 博	@北京大学出版社　@北大出版社法律图书
电　　话	邮购部 62752015　发行部 62750672　编辑部 62752027
印 刷 者	三河市北燕印装有限公司
经 销 者	新华书店
	965 毫米×1300 毫米　16 开本　12.75 印张　160 千字 2018 年 3 月第 1 版　2021 年 9 月第 4 次印刷
定　　价	40.00 元

未经许可,不得以任何方式复制或抄袭本书之部分或全部内容。
版权所有,侵权必究
举报电话:010-62752024　电子信箱:fd@pup.pku.edu.cn
图书如有印装质量问题,请与出版部联系,电话:010-62756370

编委会名单

编委会主任：张　平
编委会委员：白洪远　陈福洲　陈　希　林土瑞
　　　　　　李　璐　崔亚冰　刘　茫　赵遨天
　　　　　　石　丹
参 编 单 位：如是娱乐法团队
撰　　　稿：陈胜男　陈　新　狄炎超　范　青
　　　　　　何雪婷　李雨璠　任文倩　王曹翼
　　　　　　王　丹　吴林洋　赵睿璇

序　言

　　党的十八大以来，广大文艺家和文艺工作者深入生活、潜心创作，推出了一大批反映时代风貌的优秀文艺作品。同时，伴随着社会主义市场经济的快速发展、科学技术的不断升级，特别是网络新媒体的异军突起，文艺创作手段日益创新，文艺作品传播渠道不断拓展，文艺市场活跃程度越来越高，文艺领域知识产权保护形势也愈发严峻。文艺侵权现象时有发生，不仅严重损害了文艺工作者的合法权益，而且破坏了良好的文艺生态，不利于文艺事业健康发展。在这一背景下，做好文艺工作者的维权成为文联工作面临的一项重要课题。

　　为了进一步提升服务水平，引导首都广大文艺工作者提高维权意识和维权能力，切实保护文艺创作成果，北京市文联于2015年启动《著作权运用与维权知识手册》的编纂工作。该书在北京大学法学院知识产权学院的专业协作下，历时两年编纂完成，对著作权法知识点和相关案例进行了详细梳理。编纂过程中，编委会坚持逻辑清晰、通俗易懂、实用性强的基本原则，将本书分为两个部分。第一部分以问答形式简明扼要地介绍著作权法的基本内容，第二部分以案例评析的形式详细阐释相关法律的具体运用，以便于文艺工作者阅读和使用。

　　本书的出版问世，是北京市文联贯彻落实习近平总书记在文艺工作座谈会和中国文联十大、中国作协九大开幕式上的重要讲话精神的具体体现，是新形势下履行文联组织"团结引导、联络协调、服务管理、自律维权"新职能的探索尝试，是推进首都文艺维权工作的一项创新性举措。借本书出版之机，希望文联所属文艺家协会、基层文联组织与广大文艺工作者一起，不断增强文艺维权意识，积极防范著作权侵权行为，运用法律武器维护自身权益。北京市文联也将继续做好法律普及培训、个案咨询服务等维权工作，以此为基础进一步团结凝聚首都文艺工作者，不断增强文联的组织活力、组织向心力、组织吸引力和行业影响力，为首都社会主义文艺事业的繁荣发展贡献力量！

沈　强
2017 年 8 月
（本文作者系北京市文学艺术界联合会党组书记、常务副主席）

目录 CONTENTS

问 答 解 疑

一 著作权法一般问题 ·· 3
   1 我们常说著作权,有时候又说版权,两者是一回事儿吗?
      ··· 3
   2 是不是所有的作品都能够得到著作权保护呢? ············ 3
   3 具有"独创性"的作品应该是什么样的? ··················· 4
   4 《著作权法》中的作品有哪些种类? ·························· 5

二 谁是著作权人 ··· 6
   5 我们经常说的作者是指谁?作者理所当然是著作权人吗?
      ··· 6
   6 取得著作权有哪些方法? ··· 7
   7 我把作品版权卖给其他人了,那么其他人会成为著作权人吗? ··· 7
   8 公司法人创作的作品在《著作权法》上是如何规定的?
      ··· 8
   9 为了完成公司下达的任务创作的作品,自己能够享有著作权吗?《著作权法》对这个怎么规定的? ················ 8
   10 法人作品、职务作品有什么区别? ··························· 9

11	委托作品和职务作品有什么区别？……………………	10
12	大百科全书的编写者在著作权法上可能享有什么权利？ ……………………………………………………………	11
13	什么是合作作品？ ………………………………………	12
14	作为合作作者应当满足哪些条件？ ……………………	13
15	合作作品被侵权，合作作品的作者可以单独提起诉讼吗？ ………………………………………………………	13
16	如何证明自己是作者？ …………………………………	14
17	哪些作品可以进行著作权登记？ ………………………	14
18	著作权登记有什么效果？ ………………………………	15

三 著作权人的权利及保护期限 …………………………… 17

19	著作人身权有哪些？ ……………………………………	17
20	著作人身权能否通过合同转移？ ………………………	17
21	我们常说著作人身权不能转移，只能够转移著作财产权，那著作财产权有哪些？ ……………………………	18
22	著作权可以继承吗？ ……………………………………	19
23	修改权和保护作品完整权有什么区别？ ………………	20
24	什么是署名权？ …………………………………………	20
25	什么是发表权？ …………………………………………	21
26	作者去世后，其家人能否发表其作品？ ………………	22
27	发行权和发表权有什么区别？ …………………………	23
28	修改权和改编权有何联系与区别？ ……………………	24
29	什么是复制权？ …………………………………………	24
30	什么是发行权？ …………………………………………	25
31	什么是发行权"用尽"？ ………………………………	25
32	什么是出租权？ …………………………………………	26
33	著作权法里的"公开"指什么？ ………………………	26
34	网络空间中复制权和发行权有什么区别？ ……………	27

35 什么是信息网络传播权？ …………………… 27
36 什么是邻接权？ …………………………… 28
37 为什么保护邻接权？ ……………………… 28
38 邻接权的内容是什么？ …………………… 29
39 作者能够享受多久的著作权？著作权的保护期如何计算？ ………………………………………… 30

四 著作权的限制
——合理使用与法定许可 …………………… 31

40 什么情况下可以不经过著作权人同意，不支付报酬而直接使用其已经发表的作品？"合理使用"有哪些情形？ …………………………………………… 31
41 判断是否构成"合理使用"可能考虑哪些因素？ …………………………………………… 32
42 适当引用应当满足什么条件才不会构成抄袭造成侵权呢？ ………………………………………… 33
43 什么是免费表演？ ………………………… 34
44 著作权"法定许可"与"合理使用"有什么不同？ …………………………………………… 34
45 法定许可是否允许"先使用后付款"的行为？ …… 35
46 在作品中创作的角色是否受到著作权法律的保护？ ………………………………………… 36
47 时事新闻是否受著作权保护？ …………… 37
48 时事性文章可以随意转载使用吗？ ……… 37
49 广播电台播放他人的小说是否适用广播电台电视台的法定许可？ ……………………………………… 37
50 教育出版社未经许可将他人作品改编收录进小学语文教材，是否侵犯著作权？ …………………… 38
51 高考试卷中使用他人作品能否适用法定许可？ …… 38

五 文字作品 ······ 39

52 什么是文字作品？ ······ 39

53 如何认定文学作品的抄袭？ ······ 39

54 认定文学作品实质性相似时，如何正确区分"思想"与"表达"？ ······ 40

55 什么是混同原则、场景原则？对认定文学作品抄袭有何影响？ ······ 41

六 美术作品 ······ 42

56 什么是美术作品？ ······ 42

57 什么是图形作品和模型作品？与美术作品有何异同？ ······ 42

58 对美术作品的临摹是否构成著作权侵权？ ······ 43

59 纪录沙画表演过程的电子视频，能否构成视听作品或美术作品？ ······ 43

60 能否不经原作者同意公开陈列竞拍而得的画作？ ······ 44

61 版式设计权保护什么？ ······ 44

62 对室外艺术品进行临摹、绘画、摄影、录像后，能否以营利为目的使用所获得的复制件或演绎作品？ ······ 45

七 摄影作品 ······ 47

63 什么是摄影作品？ ······ 47

64 新闻照片是否受著作权法保护？ ······ 47

65 公益广告中使用的音乐作品或者摄影作品属于合理使用吗？ ······ 48

八 民间文学艺术作品 ······ 49

66 什么是民间文学艺术作品？ ······ 49

67 民间文艺的传承人采用新的形式演绎民间文艺，其成果

		是否享有著作权？ ………………………………… 50

九 音乐作品 ……………………………………………… 51

- 68 什么是音乐作品？ ……………………………… 51
- 69 唱腔受到著作权法的保护吗？ ………………… 51
- 70 电影作品配乐的作曲者使用其作品，是否需要征得制片者的同意？ ……………………………………… 52
- 71 翻唱他人的歌曲并录制发行能否适用制作录音制品法定许可？ ……………………………………… 52
- 72 未经许可录制影视作品的背景音乐是否适用录音制品法定许可？ ……………………………………… 53
- 73 什么是音著协的集体管理？怎么收费和授权？作者如何得到授权许可费？ ……………………………… 53

十 影视作品 ………………………………………………… 55

- 74 什么是电影作品和以类似摄制电影的方法创作的作品，以及前者与录像制品的区别？ ………………… 55
- 75 电影作品的著作权归谁所有？ ………………… 56
- 76 电影作品的制片者如何确定？ ………………… 56
- 77 电影、电视剧中的服装、灯饰、背景设计者对其作品享有著作权吗？ ………………………………… 56
- 78 电影、电视导演、编剧享有什么权利？ ……… 57
- 79 编剧协议中委托方可以采取哪些方式控制剧本质量风险？ ……………………………………… 58
- 80 制片方拒绝了编剧的剧本，但事后却发现与剧本类似的影视作品播出，编剧该怎么办？ ………………… 59
- 81 有人主张制片方备案的剧本大纲侵权，制片方该怎么做？ ……………………………………… 60
- 82 离婚时，剧本版权能否进行分割？ …………… 61

83 综艺节目的模式是否受著作权法保护？ …………… 62

十一 表演者权 …………………………………………… 63
84 什么是表演者？ ………………………………………… 63
85 什么是表演者权？ ……………………………………… 63
86 表演者权与表演权之间有什么区别？ ………………… 65
87 动物表演受著作权法保护吗？ ………………………… 65
88 魔术表演受著作权法保护吗？ ………………………… 66

十二 信息网络传播权 …………………………………… 67
89 什么是信息网络传播行为？ …………………………… 67
90 什么是"避风港原则"？ ……………………………… 68
91 通知与"避风港原则"的关系是什么？ ……………… 68
92 盗版网站无授权转载我的作品是侵权吗？可以起诉网站承担法律责任吗？ ………………………………… 69
93 什么是网络服务提供者的"过错"？ ………………… 69
94 我通过搜索引擎发现他人未经许可在互联网上使用我的作品，谁应该承担责任？ ………………………… 70
95 停止侵害在网络空间中如何执行？ …………………… 71
96 微信公众号未经许可转载他人作品是否构成侵权？
  ……………………………………………………………… 71

十三 著作权侵权与维权 ………………………………… 73
97 著作权侵权行为有哪些类型？ ………………………… 73
98 在不知情的情况下未经许可使用了他人作品是否构成著作权侵权？ ………………………………………… 74
99 抄袭在著作权法里指什么？ …………………………… 75
100 如何证明侵权人"接触"过自己的作品？ ………… 75
101 法院如何认定"实质性相似"？ …………………… 76
102 著作权侵权的民事责任有哪些？ …………………… 76

103	著作权侵权的赔偿数额是如何确定的？	77
104	什么情况下会承担著作权侵权的行政责任？	78
105	著作权侵权的刑事责任有哪些？	79
106	著作权侵权诉讼的法院管辖规则是什么？	80
107	主张著作权侵权的诉讼时效如何计算？	81
108	著作权侵权诉讼中的保全措施有哪些？	81
109	如何申请证据保全？	82
110	如何申请诉前禁令？	83
111	诉讼之外有没有其他解决争议的途径？	84
112	提出上诉有什么程序规定？	84
113	如何申请财产保全？	85
114	与律师签订代理协议时需要注意什么？	86
115	判决书何时生效？	88
116	诉讼费、律师费是由败诉方承担吗？	88

精选案例

一 文学作品 …………………………………………………… 93

1 执笔人不一定享有版权：溥仪自传《我的前半生》合作作品定性纠纷案 …………………………………… 93

2 多处雷同，绝非偶然：《圈里圈外》与《梦里花落知多少》抄袭纠纷案 …………………………………… 95

3 人物设置雷同不构成抄袭：《地下，地上》与《潜伏》抄袭纠纷案 ……………………………………… 97

4 篇章结构近似不构成抄袭：吴敬琏传记抄袭纠纷案 …………………………………………………… 100

二 美术作品 ·· 102

    5 细微之处见真章："大黄鸭"在著作权法上的地位
      ·· 102

    6 买故事不等于买角色：《大头儿子》人物设计著作权归属
      与续集制作权纠纷案 ·· 104

    7 仅完成本职工作不享有版权：葫芦娃人物设计著作权归
      属纠纷案 ·· 108

    8 无"接触"证据时，实质相似只是巧合：薛华克与燕娅
      娅侵害著作权纠纷案 ·· 110

三 民间文艺与曲艺作品 ·· 113

    9 戏种不是作品，戏目才是作品：贵州省安顺市文化和体
      育局与张艺谋等署名权纠纷上诉案 ·························· 113

    10 电视台的版权审查义务：孙耀诉中央电视台等著作权侵
       权纠纷案 ··· 116

    11 公证在网络维权中的运用：奇志、大兵诉新浪案
       ·· 117

四 音乐作品 ·· 121

    12 司法实践中的不计琐细原则：《命运的承诺》《激情燃烧
       的岁月》背景音乐侵权案 ·· 121

    13 串烧须经授权：大张伟歌曲串烧争议 ······················ 123

    14 通用素材雷同不属于抄袭：《我和你》抄袭纠纷案
       ·· 125

    15 借力版权协会专业鉴定维权：雪碧广告歌抄袭案
       ·· 127

五 舞蹈作品 ·· 129

    16 加强署名意识、留存书面证据：舞蹈《土里巴人》复制
       权、署名权、修改权纠纷案 ···································· 129

	17	书面协议永远比证词可靠：舞蹈《千手观音》著作权归属纠纷案 ································· 131
	18	不应割裂比较舞蹈作品：《吉祥天女》与《千手观音》抄袭纠纷案 ································· 135
六	戏剧与影视作品	································ 138
	19	厘清维权身份，把握权利属性：河北梆子剧表演权、录像制作者权纠纷案 ························· 138
	20	细读合同条款，警惕默认买断：《我的一个世纪》改编权纠纷案 ··································· 141
	21	具体情节雷同才构成抄袭：《宫锁连城》剧本抄袭案 ································ 143
	22	在情节中把握人物：视频剧《老男孩》与话剧《再见"李想"》抄袭纠纷案 ························· 146
七	著作人身权案例专题	································ 151
	23	编剧的"番位"之争：《芈月传》编剧署名权纠纷案 ································ 151
	24	影视海报上的署名权：郭敬明与乐视影业《爵迹》海报上导演署名权纠纷案 ························· 153
	25	保护作品完整权：《鬼吹灯》作者天下霸唱诉《九层妖塔》歪曲原作案 ··································· 154
八	合理使用与法定许可	································ 157
	26	情怀与致敬的正确姿势：《80后的独立宣言》海报中怀旧要素的合理使用 ··································· 157
	27	解构与侵权的界限：谷阿莫说电影、《一个馒头引发的血案》等"恶搞"短片引发的争议 ················· 160

28 制作录音制品法定许可：洪如丁、韩伟与广东大圣文化传播有限公司、广州音像出版社侵犯著作权纠纷案 …………………………………………………………………… 163

九 侵权与维权的时下新热点 …………………………… 166

29 泛娱乐产业链中的 IP 衍生品维权：游戏版《鬼吹灯》二次改编纠纷案 ……………………………… 166

30 续集拍摄：九夜茴与搜狐《匆匆那年》续集拍摄纠纷案 …………………………………………… 168

31 编剧的保密义务：电视剧《毛泽东》编剧微博"晒剧本"案 ………………………………………… 170

32 著作权登记证书的效力：《富春山居图》剧本抄袭案 …………………………………………… 172

33 文案创意剽窃：女子十二乐坊策划文案商业秘密纠纷案 …………………………………………… 175

34 作品名称遭商标抢注："娃哈哈"商标权与在先著作权纠纷案 ………………………………………… 177

35 集体管理组织维权：中国摄影著作权协会维权案 …………………………………………………… 179

36 向搜索引擎维权：百度 MP3 搜索引擎侵权案 …… 181

问答解疑
WENDA JIEYI

一 著作权法一般问题

▶1 我们常说著作权,有时候又说版权,两者是一回事儿吗?

在中国实务界,两者是一回事,可等效替代彼此。在中国区分二者只有法学学术上的意义,实务工作者不必区分著作权与版权。

我国《著作权法》第57条规定:"本法所称的著作权即版权。"这是由于我国《著作权法》借鉴了大陆法系和英美法系两大法系的制度。德国、法国等大陆法系国家由于注重保护作者的署名权等精神权利,所以采用"著作权"(即"作者的权利")的说法;而英美法系国家更注重保护作者的复制权、改编权等经济权利,所以采用版权(即"复制的权利")的说法。我国《著作权法》既保护作者的精神权利,也保护作者的经济权利。

▶2 是不是所有的作品都能够得到著作权保护呢?

文艺界和日常生活中使用的"作品"一词和著作权法意义上的"作品"一词含义不完全相同。

首先,著作权法保护的作品必须是人类的智力成果,由计算机程序自动生成的结果、机器人的创作目前都不能直接作为著作权法保护的作品。

其次,著作权法保护的作品必须是能被他人感知的外在表达,因此不包括"腹稿"等思想、思路、观念、理论、构思、创意、概念,也不包括工艺、系统、操作方法、技术方案,而只保护以文学、音乐、美术等各种有形的方式对思想的具体表达。

再次，要获得著作权保护的作品必须达到一定的创作高度，即具有法律认可的"独创性"。至于何谓独创性，请参阅问题3。

复次，著作权法不保护官方正式文件、时事新闻以及历法、通用数表、通用表格和公式。

最后，即便作品因涉及淫秽、血腥等问题无法出版，该作品仍然受到著作权法保护，作者仍然有权排除他人擅自使用自己的作品，只是作者一旦传播该作品便会受到刑法、行政法（但不是著作权法）的处罚。所谓受到著作权法保护，并不是说作者一定可以正当地利用作品获益，而是说作者拥有禁止他人未经许可使用自己作品的权利。

另外，外国人的作品也很可能因《保护文学和艺术作品伯尔尼公约》而受到中国著作权法的保护，因此抄袭外国作者的作品并非不受追究。

▶3 具有"独创性"的作品应该是什么样的？

独创性应当包括"独立"和"创作"两层含意。

"独立"是指作品必须是作者独立创作的智力成果。作者在掌握了一定素材的前提下，运用自己的创作技巧，将自己所要表达的思想融汇进去，形成具有自己独特风格的表现形式。换言之，"独立"就是指作者没有抄袭他人的作品。

"创作"是指，作者除了不能抄袭，还必须有起码的智力投入并达到起码的创作高度，而不是只进行简单的劳动。尽管法律对创作的高度要求很低，但完全没有创作高度则不能构成作品，比如单纯简单罗列信息的电话号码本、通信名录、报价单等，都不符合独创性要求。

独创性与思想价值、作品质量无关。即使毫无出版价值，无人阅读,也不妨碍著作权的成立;名人巨著和幼儿涂鸦同样可以构成作品。

▶4 《著作权法》中的作品有哪些种类?

根据《著作权法》第 3 条,作品指下列形式的文学、艺术和自然科学、社会科学、工程技术等领域中的作品:

(1) 文字作品;

(2) 口述作品;

(3) 音乐、戏剧、曲艺、舞蹈、杂技艺术作品;

(4) 美术、建筑作品;

(5) 摄影作品;

(6) 电影作品和以类似摄制电影的方法创作的作品;

(7) 工程设计图、产品设计图、地图、示意图等图形作品和模型作品;

(8) 计算机软件;

(9) 法律、行政法规规定的其他作品。

其中最后一类属于兜底条款,为囊括其他类型或新类型的作品提供了可能性。

谁是著作权人

▶5 我们经常说的作者是指谁？作者理所当然是著作权人吗？

作者指具有创作能力、进行了一定的创作劳动、完成了符合著作权法要求的创作成果的人。因为创作属于事实行为，不属于法律行为，不要求创作者具有相应的民事法律行为能力，所以成为作者不受年龄的限制。

作者并不理所当然是著作权人。《著作权法》第11条第1款规定：著作权属于作者，本法另有规定除外。显然，在一般情况下作者享有著作权，是著作权人，但存在下列例外：

首先，作者可以将著作权中的财产权部分或全部地许可或转让给他人。对于转让给他人的权利，由于该权利已经"买定离手"，因而作者不再是该权利的著作权人。对于许可给他人的权利，作者仅仅是允许他人利用自己的作品，并没有丧失权利所有者的地位；但是，若许可形式是独占许可或排他许可，则作者作为著作权人的权利会受到限制，无法自由地自行使用或许可第三人使用自己创作的作品。

其次，在《著作权法》第11条第3款规定的法人和其他组织被"视为"作者的"法人作品"的场合下，自然人创作者不是作者，也不享有任何著作权。

最后，《著作权法》第16条第2款规定了两种作者仅享有署名权的"特殊职务作品"的情形：(1)主要是利用法人或者其他组织的物质技术条件创作，并由法人或者其他组织承担责任的工程设计图、产品设计图、地图、计算机软件等职务作品；(2)法律、行政法规规定或者合同约定著作权由法人或者其他组织享有的职务作品。

▶6　取得著作权有哪些方法？

著作权的取得包括原始取得和继受取得。

得到自己作品的著作权的途径是"原始取得"，即作者通过完成创作作品这一事实行为而天然地取得作品的著作权。作者完成作品便自动获得著作权法保护，并不需要对作品进行登记。即便是没有创作完成的作品，如果已经具备著作权法要求的独创性，并已经被固定在某一有形物质上，也同样可以受到著作权法的保护。

得到他人作品的著作权的途径是"继受取得"，即通过被许可、受让、继承、受赠等方式从原始著作权人处取得著作权。其中，许可和转让往往需要签署合同并支付价款。继受取得的著作权仅限于著作财产权。

▶7　我把作品版权卖给其他人了，那么其他人会成为著作权人吗？

答案是肯定。

能够出卖（或曰转让）的版权只有著作财产权，且作者可以将权利拆分转让，保留一部分权利，或分批次转让，或转让给不同的人。

版权卖给他人后，他人便成为相应作品的被转让的权利的著作权人，但不享有没被转让的权利。著作人身权和未转让的著作财产权仍然属于作者。

此外，版权的转让有时是附带期限的。约定期限届满时，若没有续约，则版权自动回转到作者手中。但是，被永久买断的作品的版权并不会因此回到作者手中。

▲可参考本手册案例解读部分的《我的一个世纪》改编权纠纷案、九夜茴与搜狐《匆匆那年》续集拍摄纠纷案。

▶8 公司法人创作的作品在《著作权法》上是如何规定的？

《著作权法》第11条第3款规定，由法人或者其他组织主持，代表法人或者其他组织意志创作，并由法人或者其他组织承担责任的作品，法人或者其他组织视为作者。

所谓由法人"主持"，一般认为应指从选题、立项、人员组织、确立创作路线和大纲、创作日程和时间表等都由法人完成，而非仅由法人简单地提出任务目标。

所谓"代表法人意志"，是指作品要反映出法人或其他组织的创作意图和"思想"，自然人的创作和发挥空间在法人作品的创作过程中较小，作品主要反映出法人或其他组织的自有"特征"。

由于法人被视为法人作品的作者，享有全部著作权，所以自然人作者连署名权都不享有。

▶9 为了完成公司下达的任务创作的作品，自己能够享有著作权吗？《著作权法》对这个怎么规定的？

需要分情况讨论。

此类作品属于《著作权法》第16条规定的职务作品，即满足以下三个条件：(1)作者与用人单位具有劳动法律关系，主要依据《劳动合同法》进行判定；(2)作品创作在本职工作范围内；(3)所创作的作品与本单位的工作性质相符合，能为本单位的业务所使用。

原则上职务作品的著作权由作者享有，但法人或者其他组织有权在其业务范围内优先使用。作品完成两年内，未经单位同意，作者不得许可第三人以与单位使用的相同方式使用该作品。

但在下列两种情形下（《著作权法》第16条第2款），作者仅享有署名权，其他权利都属于公司（或其他雇佣者）：

（一）主要是利用法人或者其他组织的物质技术条件创作，并由法人或者其他组织承担责任的工程设计图、产品设计图、地图、计算机软件等职务作品；

（二）法律、行政法规规定或者合同约定著作权由法人或者其他组织享有的职务作品。

用简单的语言重述，即主要依赖雇主的设备、条件、经费等创作并由雇主承担相应风险的图纸、软件等作品，以及法律法规规定或合同约定由雇主享有著作权的作品。这两类职务作品的作者只享有署名权。

▲可参考本手册案例解读部分的葫芦娃人物设计著作权归属纠纷案。

▶10　法人作品、职务作品有什么区别？

事实上，法人作品和职务作品并不是绝对互斥的概念。我国立法借鉴了大陆法系和英美法系的两个相似概念，但它们其实解决的是同一个法律问题，没有必要同时借鉴两种制度。这造成了现行法律内部的矛盾，甚至法院也无法精确区分这两个概念。在立法变更前，作者在分析自己的立场时，需要同时考虑作品被认定为职务作品以及法人作品的可能性，做好最坏的打算的同时争取利益最大化。

站在作者的角度，区分这两个概念的意义在于分析自然人作者能否获得著作权。创作法人作品的自然人不是法人作品的作者，不享有任何著作权，因为法人被"视为"作者；而职务作品的作者一般是创作作品的自然人，该自然人享有著作权，法人或其他组织在自己的业务范围内享有优先使用权；当然，也存在例外情况——《著作权法》第16条第2款规定，特殊职务作品的自然人作者仅享有署名权。

认定一个作品是法人作品还是职务作品，主要看两方面：

第一，职务作品要求创作作品的人与法人或其他组织之间存在劳动雇佣关系。简单说，就是创作作品的人是为该单位"打工"的人。如果创作者与法人或者其他组织之间不存在上述关系，那么就不能构成职务作品。法人作品的认定并不执著于这一点。

第二，法人作品要求由法人或者其他组织"主持"该作品的创作，创作作品的人要"代表法人的意志"来创作。一般认为，"主持"是指从选题、立项、人员组织、确立创作路线和大纲、创作日程和时间表等都由法人或其他组织完成，而非简单地提出任务目标。"代表法人的意志"则是指作品要反映出法人或其他组织的创作意图和"思想"，自然人的创作和发挥空间在法人作品的创作过程中较小，作品主要反映出法人或其他组织的自有"特征"。职务作品并不关心这点，而是关注作者是否利用了单位的物质技术条件进行创作。

▶11　委托作品和职务作品有什么区别？

《著作权法》第17条规定："受委托创作的作品，著作权的归属由委托人和受托人通过合同约定。合同未作明确约定或者没有订立合同的，著作权属于受托人。"

委托作品与职务作品的不同点在于：第一，委托作品的基础是委托合同；职务作品的基础是单位对作者的工作要求。第二，委托作品的权利属于谁，由签订合同的双方协商而定；而职务作品的权利属于谁,并不能自由安排,只有法律规定的两种情况——要么全部归作者;要么作者只享有署名权,其他的权利全部归单位。

值得注意的是,《中华人民共和国著作权法(修订草案送审稿)》对职务作品规定进行了修改。第20条规定:"职工在职期间为完成工作任务所创作的作品为职务作品,其著作权归属由当事人约定。"职务作品和委托作品之间的界限逐渐变小。

▲可参考本手册案例解读部分的《大头儿子》人物设计著作权归属纠纷案。

▶12 大百科全书的编写者在著作权法上可能享有什么权利?

大百科全书内容通常有三种来源:大部分内容是由大百科全书出版社委托相关专业领域的专家进行编写,部分内容由出版社内部员工完成,还有部分内容收录的是已完成作品。这三类作者都可以视为大百科全书的编写者,需要分情况讨论。

对于受委托创作的编写者来说,其作品是委托作品。根据《著作权法》第17条的规定,受委托创作的作品,著作权的归属由委托人和受托人通过合同约定。合同未作明确约定或者没有订立合同的,著作权属于受托人。因此编写者是否享有著作权由两者签订的合同来规定,通常出版社都会在这类合同中规定著作权由委托人享有。需要注意的是,即使合同约定了著作权受托人所有,根据相关司法解释,委托人依旧可以在约定范围内享有使用作品的权利,若没有约定使用作品范围,则可以在委托创作的特定目的的范围内免费使用该作品。

对于出版社内部的编写者来说,其作品是职务作品,通常出版社会通过合同将其约定为特殊职务作品。根据《著作权法》的规定，对于特殊职务作品，作者享有署名权，著作权的其他权利由法人或者其他组织享有，法人或者其他组织可以给予作者奖励。所以编写者享有署名权和获得奖励的权利。

对于被收录作品的编写者，则需要根据和出版社签订的合同来确认其著作权，如果将其作品转让给出版社，那么就只能行使相关著作人身权；如果将作品许可给出版社，若为独家，则编写者只能在许可的范围外行使著作权，若非独家，则依旧可以行使全部著作权，具体根据合同判断。

▶13 什么是合作作品？

《著作权法》第13条第1款规定，两人以上合作创作的作品属合作作品，著作权由合作者共同享有。

《著作权法》意义上的合作作品，还要求合作作者之间必须有共同的创作意图，以及共同的创作行为。

根据创作的形式不同，合作作品可分为不可分割使用的合作作品和可分割使用的合作作品。不可分割使用作品，是指合作者之间思想观点相互渗透，以致虽有写作分工，也无法确定哪一部分的归属。《著作权法实施条例》第9条规定："合作作品不可以分割使用的，其著作权由各合作作者共同享有，通过协商一致行使；不能协商一致，又无正当理由的，任何一方不得阻止他方行使除转让以外的其他权利，但是所得收益应当合理分配给所有合作作者。"可分割作品，是指合作作品的作者各自所创作的智力成果具有相对独立性，分开后仍能作为完整作品。在此，合作作品的作者除了对这一作品具有共同的著作权外，各人还可对自己所创作部分单独行使著作权。但是各人行使权利时，不能侵害合作作品的整体著作权。

▶14 作为合作作者应当满足哪些条件？

第一，合作作者们必须有共同创作的愿望，思想观点相互渗透。且意识到自己在与他人共同创作一部作品。如果有分工合作，则各个作者都应知道自己的部分会被整合进一部完整作品。一些国家要求各作者的贡献在整体合作作品之中无法被单独辨认或无法被加以区分，但我国没有此类规定。

第二，合作作者必须实际参与创作活动，对最终的作品作出了独创性贡献。仅提供咨询意见、物质条件、素材、其他辅助劳动的人不算合作作者。

第三，合作作者应当有以合作作者身份共享著作权的主观意图。例如，作者、编辑之间有共同修改的合意，编辑的改动可能也符合独创性，但是编辑本职工作就是改稿件，但没有成为合作作者、共享稿件著作权的意图，所以编辑不属于出版的稿件的合作作者。又如，访谈类文章的嘉宾同意接受采访表明许可口述内容被纳入文章发表，但嘉宾没有以文章合作作者身份共享著作权的意图。

▲可参考本手册案例解读部分的溥仪自传《我的前半生》合作作品定性纠纷案。

▶15 合作作品被侵权，合作作品的作者可以单独提起诉讼吗？

对于可分割的合作作品，目前司法实践中允许合作作者就其享有著作权的可分割部分独立提起诉讼。能否就整个作品或其他合作作者享有著作权的部分主张权利，目前存在争议。实践中一般认为可分割作品的合作作者只能就自己创作并享有著作权的那一部分主张权利，无权对其他部分主张著作权。

对于不可分割的作品，合作作者之一提起诉讼的，审判实践中一般由法院通知其他作者参加诉讼；如果通知的作者明确表示放弃实体权利，可以不作为原告。

▲可参考本手册案例解读部分的孙耀诉中央电视台等著作权侵权纠纷案。

▶16 如何证明自己是作者？

通过署名和其他证据材料证明。

自然人因创作作品而成为作者，法人则在符合法律规定时被视为法人作品的作者。《著作权法》第11条第4款规定以署名作为界定作者的形式标准："如无相反证明，在作品上署名的公民、法人或者其他组织为作者。"

一般情况下，署真实姓名的作者只要出具有效的身份证明，如身份证、护照、法人或其他组织登记证书以及工商营业执照等即可证明自己的真实作者身份。

而在作者署名为笔名的情况下，根据《最高人民法院关于审理著作权民事纠纷案件适用法律若干问题的解释》第7条第1款，当事人提供的涉及著作权的底稿、原件、合法出版物、著作权登记证书、认证机构出具的证明、取得权利的合同等，可以作为证据。与其他几种证据相比，著作权登记证书是最为简便有效的证据。

▲可参考本手册案例解读部分的舞蹈《土里巴人》复制权、署名权、修改权纠纷案。

▶17 哪些作品可以进行著作权登记？

根据我国《著作权法》第3条规定的各类作品均可申请登记。

具体包括：文字作品；口述作品；音乐、戏剧、曲艺、舞蹈、杂技艺术作品；美术、建筑作品；摄影作品；电影作品和以类似摄制电影的方法创作的作品；工程设计图、产品设计图、地图、示意图等图形作品和模型作品；计算机软件；法律、行政法规规定的其他作品（实践中，版权登记机构并不对独创性进行实质审查，因此大量汇编作品可能会被登记为"法律、行政法规规定的其他作品"）。

需要特别注意的是，下列作品不能申请著作权登记：

（1）依法禁止出版、传播的作品；

（2）法律、法规、国家机关的决议、决定、命令和其他具有立法、行政、司法性质的文件及其官方正式译文；

（3）时事新闻；

（4）历法、通用数表、通用表格和公式；

（5）超过保护期限的作品。

各省、自治区、直辖市版权局负责本辖区的作者或其他著作权人的作品登记工作。国家版权局负责外国以及台湾、香港和澳门地区的作者或其他著作权人的作品登记工作。中国版权保护中心受国家版权局委托，负责外国以及台湾、香港和澳门地区的作者或其他著作权人的作品登记工作（如：北京市版权局登记只受理北京地区的企业和个人的登记，中国版权保护中心受理全国的企业和个人的登记）。

需要特别注意的是，计算机软件只能在中国版权保护中心登记，登记网站：http://apply.ccopyright.com.cn/cpcc/column_list_bqdj.jsp。

▶18 著作权登记有什么效果？

首先，著作权登记可以梳理著作权的归属关系。现代社会中，作品创作的过程愈发复杂化，尤其是对委托创作作品、法人作品、职务作品而言。著作权登记提供了一个从法律上明确作品权利归属的手段，当事人可选择以登记的方式将协商、合同、职务关系等安排的结果固定在白纸黑字上，降低相关权利纠纷发生的可能性。

其次，著作权登记可以减少维权、诉讼过程中的举证成本和难度。著作权纠纷中，被侵权人常常需要拿出原稿、原件等材料证明自己因创作行为而享有对其作品的著作权，或通过著作权转让或许可合同证明自己对他人创作的作品享有著作权。对一些没有发表或不为人熟知的作品而言，拿出相关原件或合同相对困难，而著作权登记可起到类似证明作用。目前的司法实践中已将著作权证书作为证据采用。

再次，著作权登记可以降低交易风险。随着著作权保护意识的提高，作品使用者在购买授权时，一般需要授权方证明自己合法享有著作权且有权对其进行转让、许可等处分，以确保购得的授权合法有效，不会遭到他人索赔。著作权登记的交易保障功能在依托网络传播的作品（如小说、图画、软件）上尤为突出，因为互联网的匿名性、传播的便利性等使得确定这些作品的实际著作权人殊为不易，轻易相信他人承诺而购买的授权很可能是无效且会导致他人索赔的。而版权登记证书恰恰可以缓解这种顾虑。

需要注意的是，著作权登记并不是著作权归属的最终凭证，存在被他人"抢注"的风险。著作权登记管理机关（各地版权局）办理登记时并不会事无巨细地审查，无法确保申请登记者一定是真正的著作权人。著作权的享有不以登记为前提条件，而是作者因创作而直接享有著作权，所以版权局并不会像商标局、专利局那样检索现有的知识产权并进行细致审查。充足的证据可以推翻著作权登记。

▲可参考本手册案例解读部分的《富春山居图》剧本抄袭案。

三　著作权人的权利及保护期限

▶19　著作人身权有哪些？

著作人身权，指的是作者对作品中体现的人格和精神享有的权利。

根据我国现行《著作权法》的规定，著作人身权有以下四种：

（1）发表权，即决定作品是否公之于众的权利；

（2）署名权，即表明作者身份，在作品上署名的权利；

（3）修改权，即修改或者授权他人修改作品的权利；

（4）保护作品完整权，即保护作品不受歪曲、篡改的权利。

上述权利不得转让，不得继承。根据《著作权法实施条例》，作者生前未发表的作品，如果作者未明确表示不发表，作者死亡后50年内，其发表权可由继承人或者受遗赠人行使；没有继承人又无人受遗赠的，由作品原件的所有人行使。

就保护期限而言，发表权的保护期限为作者生前及死亡后50年。而作者的署名权、修改权、保护作品完整权的保护期不受限制。

▶20　著作人身权能否通过合同转移？

答案是否定的。

根据《著作权法》第10条第3款，能转让的只有著作财产权；发表权、署名权、修改权和保护作品完整权这四种人身权是不能以任何形式转让的，自然也不可通过合同转让。

如果合同中出现了转让发表权、署名权、修改权或保护作品完整权的条款，那么这些条款违反了《著作权法》的规定，是无效的。例如，王某把自己的小说《黎城》卖给了李某，如果合同中出现了转让著作人身权的条款，这些条款是无效的。李某最终只能获得《黎城》的复制、发行等财产权利，即可以将《黎城》复印、出版或者改编等，但不能行使《黎城》的人身权，即不能未经王某同意擅自发表《黎城》；不得将《黎城》的作者署名为李某或其他人；不得未经王某同意修改、授权他人修改和随意歪曲篡改《黎城》。

▶21 我们常说著作人身权不能转移，只能够转移著作财产权，那著作财产权有哪些？

根据我国现行《著作权法》的规定，著作财产权有以下十三种：

（1）复制权，即以印刷、复印、拓印、录音、录像、翻录、翻拍等方式将作品制作一份或者多份的权利；

（2）发行权，即以出售或者赠与方式向公众提供作品的原件或者复制件的权利；

（3）出租权，即有偿许可他人临时使用电影作品和以类似摄制电影的方法创作的作品、计算机软件的权利，计算机软件不是出租的主要标的的除外；

（4）展览权，即公开陈列美术作品、摄影作品的原件或者复制件的权利；

（5）表演权，即公开表演作品，以及用各种手段公开播送作品的表演的权利；

（6）放映权，即通过放映机、幻灯机等技术设备公开再现美术、摄影、电影和以类似摄制电影的方法创作的作品等的权利；

（7）广播权，即以无线方式公开广播或者传播作品，以有线传播或者转播的方式向公众传播广播的作品，以及通过扩音器或者其他传送符号、声音、图像的类似工具向公众传播广播的作品的权利；

（8）信息网络传播权，即以有线或者无线方式向公众提供作品，使公众可以在其个人选定的时间和地点获得作品的权利；

（9）摄制权，即以摄制电影或者以类似摄制电影的方法将作品固定在载体上的权利；

（10）改编权，即改变作品，创作出具有独创性的新作品的权利；

（11）翻译权，即将作品从一种语言文字转换成另一种语言文字的权利；

（12）汇编权，即将作品或者作品的片段通过选择或者编排，汇集成新作品的权利；

（13）应当由著作权人享有的其他权利。其中包括注释、整理等前述无法穷尽的著作财产权。

为了简便记忆，其实可以将著作财产权简单分为两类，即广义的复制权（上述前八项权利）和广义的改编权（上述后五项权利）。这两个大类可以涵盖上述所有权利。

▶22 著作权可以继承吗？

《著作权法》第19条规定，著作财产权可以继承。

《著作权法实施条例》第15条第1款规定，作者死亡后，其著作权中的署名权、修改权和保护作品完整权由作者的继承人或者受遗赠人保护。

《著作权法实施条例》第17条规定，作者生前未发表的作品，如果作者未明确表示不发表，作者死亡后50年内，其发表权可由继承人或者受遗赠人行使。此处措辞是由继承人"行使"，而非由继承人"继承"，但效果上和继承没有实际区别。

▲可参考本手册案例解读部分的《我的一个世纪》改编权纠纷案。

▶23 修改权和保护作品完整权有什么区别？

修改权，是作者自己修改或者允许（授权）他人修改作品的权利；保护作品完整权，是保护作品不受歪曲、篡改的权利。

两者的区别主要有以下几点：

第一，修改权是作者主动修改或允许（授权）他人修改自己作品的权利；保护作品完整权是作者禁止他人未经允许擅自歪曲、篡改其作品，其行使主要依赖于司法机关的保护。

第二，修改权中的改动更倾向对作品内容作局部的变更以及文字、用语的修正；而保护作品完整权中的改动则倾向于对作品的实质内容进行改变，包括对主题、背景、人物关系、情节的增删和修改，同时这样的修改改变了作者在作品中原本要表达的思想、情感并导致了作者声誉受到损害。

第三，侵犯修改权要求侵权的人具有故意，而侵犯保护作品完整权则没有这一要求，例如，出版社由于印刷错误导致出版物被改动，由于出版社并不具有修改作品的故意，所以不侵犯修改权，但如果这种错误改动造成了作品内容的实质变动以至于影响了作品的声誉，则侵犯了作者的保护作品完整权。

▶24 什么是署名权？

署名权是作者表明身份、在作品上署名的权利。他人必须尊重作者关于是否署名、以何种方式（笔名或真名）署名的决定，不可擅自删除、改动、增加署名。作者最初决定不署名不代表放弃署名，日后若改变主意，仍可以署名。《著作权法》第11条第4款规定，如无相反证明，在作品上署名的公民、法人、其他组织为作者。

作者的署名权一般无法转让。无论以何种方式使用或转让作品的全部或部分,作品的作者都不会因此变更。但是,根据《著作权法》第17条,对于委托作品而言,委托创作当事人可以约定著作权归属,而著作权又包括署名权。由此推论,在作品发表前,委托创作的当事人可以约定包括署名权在内的著作权归投资方(而非创作者)所有。

在实践中,署假名和不署名也是作者行使署名权的方式。署假名多数是署笔名,这在文字作品中比较常见。此外,有些作者出于种种原因,将自己创作的作品署上他人的名字发表。这种情况一般不属于署名权问题,而是对他人姓名权的一种擅自使用,可能构成侵权。

涉及抄袭案件中,抄袭者侵害的不仅是被抄袭者的复制权,还侵害了被抄袭者的署名权,因为被抄袭者未能在实际由自己创作的作品上署名。

《最高人民法院关于审理著作权民事纠纷案件适用法律若干问题的解释》第11条规定,因作品署名顺序发生的纠纷,人民法院按照下列原则处理:有约定的按约定确定署名顺序;没有约定的,可以按照创作作品付出的劳动、作品排列、作者姓氏笔划等确定署名顺序。

改编作品的著作权人应当适当地标注原作者的身份,如根据小说改编的电影,建议在片头字幕中较醒目地加以标注。

▶25 什么是发表权?

发表权,是指决定是否将作品公之于众的权利。公之于众的含义是以出版、发行、广播、上映、口述、演出、展示和网络传播等方式披露作品,并使作品处于能够为公众所知的状态(强调可能性），公众是否实际知悉、关注该作品是无关紧要的。因此，在杂志上连载的作品即便无人问津也属于既已发表，但若作品只是在作者的家人朋友之间传阅，则不算是发表。

发表权的内涵可拓展至是否要发表、何时发表、以什么形式发表、在何地发表。发表的作品应当是尚未公开的作品原件或复制件。如果作品已经出版或展览过，则不再有"发表"的可能，换言之，发表权只能行使一次。

多数情况下，发表权与财产权的行使是同步的——作者只有发表作品才有可能使用作品，进而获得收益。如果作者已经转让或许可他人行使著作财产权，则可视情况推定作者许可发表作品，他人的发表行为不构成侵权。

▶26 作者去世后，其家人能否发表其作品？

《著作权法实施条例》第17条规定，作者生前未发表的作品，如果作者未明确表示不发表，作者死亡后50年内，其发表权可由继承人或者受遗赠人行使；没有继承人又无人受遗赠的，由作品原件的所有人行使。

根据上述规定可知，在满足以下几项条件的情况下，家人可以发表过世作者的作品：

第一，作者生前未明确表示不发表，即发表不能违背作者生前意愿；

第二，发表的时间限制是作者死亡后50年内，当然这并不代表作者死亡50年后就不能再发表，由于发表权和著作财产权一样仅在作者生前和死后50年受保护，因此超过作者死亡50年后，任何人都可以发表作者的作品，不再限于继承人和受遗赠人；

第三，家人必须是作者作品的继承人，即按照继承法获得该作品著作权的人。

发表权可以由继承人代为行使，这意味着继承人不仅可以发表过世作者作品，还可以禁止他人发表。

例如，在钱锺书书信拍卖案中，某拍卖公司发布公告，拍卖钱锺书及其夫人和女儿先后给朋友写过的百余封私人书信，被钱锺书夫人杨季康一纸诉状告上法庭。杨季康除了是自己书信的著作权人外，同时也是钱锺书书信著作权的继承人，因此她有权要求拍卖公司不公开发表钱锺书的书信。如果拍卖公司发表，则侵犯了其发表权。

▶27 发行权和发表权有什么区别？

发表权，是指决定作品是否公之于众的权利；发行权，是指以出售或者赠与方式向公众提供作品的原件或者复制件的权利。

两者主要有以下几点区别：

第一，权利属性不同。发表权是著作人身权，具有专属性，不可转让，且为一次性权利，一经行使则消失；而发行权属于著作财产权，可以转让并获得报酬，亦可以多次行使。

第二，权利内容不同。发表权是作者决定是否要将作品从对公众的"隐蔽"状态转化为对公众"公开"状态的权利，是后续著作权的起点，昭示作者具有著作权，为作者行使著作权提供公信力；发行权是作者决定是否使作品的有形载体在公众中传播、转移的权利。

第三，行使模式不同。发表权仅要求作者将作品置于公众所能获知之处，而发行权需要先将作品置于有形载体，再将有形载体加以传播。通常，发行权的行使不早于发表权的行使。例如，王某创作一篇小说，其首次将小说上传到微博公开则是行使发表权，之后再交付出版社出版发行则是行使发行权。当然，王某也可以直接将未发表的小说出版发行，这样便是同时行使了发表权和发行权。

▶28 修改权和改编权有何联系与区别？

修改权，即修改或者授权他人修改作品的权利；改编权，即改变作品，创作出具有独创性的新作品的权利。

两者都包含了对作品的改动，但有以下区别：

第一，就是否产生新作品而言：修改权中的改动被限制在原作品之内，即无论怎样修改，并不产生新作品，而是对原作品的更新；而改编是在原作品的基础上进行具有独创性的改动，产生出了新作品。

第二，就前后作品的性质异同而言：修改时，作品的性质和形式不发生变化，小说修改后还是小说；但改编可能导致作品形式的变化，例如将小说改编成为电影。

第三，就权利性质而言：修改权是著作人身权，没有保护期限限制，永久性受法律保护。《著作权法实施条例》第15条规定，作者死亡后，其著作权中的署名权、修改权和保护作品完整权由作者的继承人或者受遗赠人保护。著作权无人继承又无人受遗赠的，其署名权、修改权和保护作品完整权由著作权行政管理部门保护。修改权的内涵包括授权他人修改的权利，但授权他人修改不属于修改权的转让或许可。改编权是著作财产权，保护期限仅为作者生前和死后50年，可以转让和继承。

▶29 什么是复制权？

复制，是指以印刷、临摹、拓印、录音、录像、翻录、翻拍等方式将作品制作一份或多份的行为。

复制权，是指著作权人决定实施或不实施上述复制行为或者禁止他人复制其受保护作品的权利。复制权是著作财产权中最重要、最基本和最普遍的权利。

复制的特点是复制的作品与原作品相比在内容和形式上没有任何变化。所谓"形式没变化"指的是作品的表现形式没变化，如同为小说或同为诗歌等，而不是指作品载体的形式没变化。比如同一部小说印成32开本是复制，印成16开本也是复制，在报刊上连载也属复制。复制手段可以是手工的，也可以是机器的。

▶30　什么是发行权？

发行权，是指传播作品的有形复制品的权利。

发行权不涉及作品的复制，控制的是作品的物质载体的转移。著作权人通过控制作品的原件或复制件的发行，从公众支付的价款中获得经济回报。

▶31　什么是发行权"用尽"？

在作品原件或经授权合法制作的作品复制件首次向公众销售或赠与之后，著作权人就无权控制该特定原件或复制件的再次流转。此即为发行权的"一次用尽"原则。

由定义可知，"一次用尽"只适用于特定（而非所有）的原件或复制件，即经著作权人授权或根据法律规定合法制作的原件或复制件；否则，权利还没有"用"哪怕一次，根本谈不上"用尽"。换言之，"一次用尽"针对的是作品的载体（原件或复制件），而非作品本身。因此，对作品擅自加印、增发的行为侵害发行权，侵权人不得以被侵权作品已发行为由进行抗辩。

▶32 什么是出租权？

《著作权法》第 10 条规定，出租权即有偿许可他人临时使用电影作品和以类似摄制电影的方法创作的作品、计算机软件的权利，计算机软件不是出租的主要标的的除外。

软件若是植入在芯片里，而并非主要的出租物，则不需要经过软件著作权人许可，如含有智能芯片的自动洗衣机，出租洗衣机不需要经过软件著作权人许可。

《著作权法》规定出租权的宣示意义大于实际意义，因为出租行为在互联网的冲击下几乎绝迹了。

▶33 著作权法里的"公开"指什么？

著作权法里的"公开"这一概念出现在如下权利中：展览权，即公开陈列美术作品、摄影作品的原件或者复制件的权利；表演权，即公开表演作品，以及用各种手段公开播送作品的表演的权利；放映权，即通过放映机、幻灯机等技术设备公开再现美术、摄影、电影和以类似摄制电影的方法创作的作品等的权利；广播权，即以无线方式公开广播或者传播作品，以有线传播或者转播的方式向公众传播广播的作品，以及通过扩音器或者其他传送符号、声音、图像的类似工具向公众传播广播的作品的权利。

语义上讲，公开指披露或传播作品，使之能为公众所知悉。我国著作权法并未明确给出"公开"的标准，但根据世界各国著作权立法，可以提炼出"公开"这一行为的共性特征：只要行为人具有让公众获悉其作品的目的，并使作品处于能使公众获悉的状态下（强调获悉的可能性，而非实际上是否有人获悉），这种行为就是公开。

公开一般有两种途径，一种是集中式公开，例如展览，另一种是分散式公开,例如网络传播。

▶34 网络空间中复制权和发行权有什么区别?

传统意义上,复制和发行一般是两个彼此独立的行为。"复制"将作品变为一份或多份,"发行"将这些有形复制品传播给公众。

但在网络空间中,这两个行为往往难以分割。比如,将作品上传到网盘供他人下载:一方面,上传行为增加了作品的份数,是复制行为;另一方面,上传的结果使得公众可以获取该作品,因此也是发行行为。

在网络空间中,如何明确复制和发行的分界线,法律并无规定,而学术上也存在很大争议,因此,对于网络空间中的复制、发行行为,我国法律统一使用信息网络传播权来规范,这在实务操作角度是便利且实际的。

▶35 什么是信息网络传播权?

《著作权法》第10条第1款第12项规定,信息网络传播权是以有线或无线方式向公众提供作品,使公众可以在其个人选定的时间地点获得作品的权利。上述定义主要是在描述"交互式"传播的特征,由此可知此权利核心在于控制未经许可的交互式网络传播行为。

著作权法所称的信息网络传播特征有二:其一,是通过网络向公众提供作品。此处"提供"强调公众获取作品的可能性,而不论是否有人实际下载、浏览作品。其二,是传播形式为交互式传播,也即,并非由传播者指定受众获得作品的时间、地点,而是使公众可以在其个人选定的时间、地点获得作品。

因此,并未采取交互式手段的传播(如实时网络广播)不属于

《著作权法》规定的信息网络传播，未经授权的此类行为也不侵害信息网络传播权，但可能侵害广播权（或《著作权法》第三次修订草案中新定义的播放权。目前第三次修订尚未完成）。但若往期节目被录制并可供点播，则构成信息网络传播。

通常而言，侵犯信息网络传播权的行为有下列几种（假设行为人都未获授权）：

第一，网站经营者直接将数字化作品置于开放的网络服务器上供用户在线欣赏或下载。

第二，用户将数字化作品置于开放的网络服务器上供用户在线欣赏或下载。

第三，用户将数字化作品置于 P2P 平台划定的"共享区"，供同类 P2P 软件的用户搜索、下载。

第四，其他交互式点播，如数字电视点播。

▶36 什么是邻接权？

我国《著作权法》中，邻接权特指表演者对其表演活动、录音录像制作者对其制作的录音录像、广播组织对其播出的广播信号以及出版者对其版式设计所享有的专有权利。

▶37 为什么保护邻接权？

某些有价值的非物质劳动成果（如表演、录音制品、广播信号、版式设计）中虽然倾注了人类劳动，却无法构成著作权法意义上的创造性劳动或曰作品，因而不受传统著作权法保护。

从 19 世纪末 20 世纪初起，复制、传播技术发展迅速。为保护无法达到"独创性"要求但仍有一定价值的劳动成果，各国纷纷设立"邻接权"制度。

▶38 邻接权的内容是什么？

根据我国《著作权法》《著作权法实施条例》以及《世界知识产权组织表演和录音制品条约》，我国著作权法保护的邻接权具体内容如下表所示。

邻接权人	权利客体	权利内容
表演者 • 演员、演出单位或者其他表演文学、艺术作品的人 • 表演的作品必须是文学艺术作品，包括已超过著作权法保护年限的老作品	表演活动 • 每一次表演活动都受到邻接权保护，不论表演重复与否	• 表明表演者身份权（如剧院把表演者姓名印在海报和节目单上；电视台将表演者姓名列在字幕上等） • 保护表演形象不受歪曲权 • 现场直播权 • 首次固定权（表演活动从无载体到有载体的复制行为，如录音、录像） • 复制、发行权（许可他人复制、发行录有其表演的录音录像制品并获得报酬） • 信息网络传播权
录音录像制作者	录音、录像制品 • 录音制品是指任何对表演的声音和其他声音的录制品 • 录像制品是指电影作品和以类似摄制电影的方法创作的作品以外的任何有伴音或者无伴音的连续相关形象、图像的录制品	• 复制权 • 发行权 • 信息网络传播权 • 出租权 • （录像制作者）许可电视台播放权
广播组织 • 广播电台、电视台 • 不包括网播组织	广播组织播放的节目信号（而不是其制作的广播、电视节目）	• 转播权（有权禁止转播，录播不侵犯转播权） • 录像、复制权（有权禁止未经许可将所播放的节目录制在音像载体上并复制）
版式设计者	版面格式设计 • 包括：版心、排版、用字、行距、标点等 • 不包括装帧设计	• 复制权（出版者有权许可或者禁止他人使用其出版的图书、期刊的版式设计）

▶39 作者能够享受多久的著作权？著作权的保护期如何计算？

权利		保护年限		
著作人身权	署名权	永久		
	修改权			
	保护作品完整权			
	发表权	自然人的作品： 作者终生 + 其死后 50 年 截止于作者死亡后第 50 年的 12 月 31 日；如果是合作作品，截止于最后死亡的作者死亡后第 50 年的 12 月 31 日。 起算点：创作完成	法人的作品： 50 年 截止于作品首次发表后第 50 年的 12 月 31 日，但作品自创作完成后 50 年内未发表的，《著作权法》不再保护。 起算点：创作完成	影视作品、摄影作品： 50 年 截止于作品首次发表后第 50 年的 12 月 31 日，但作品自创作完成后 50 年内未发表的，《著作权法》不再保护。 起算点：创作完成
著作财产权	复制权			
	发行权			
	出租权			
	展览权			
	表演权			
	放映权			
	广播权			
	信息网络传播权			
	摄制权			
	改编权			
	翻译权			
	汇编权			

四 著作权的限制
——合理使用与法定许可

▶40 什么情况下可以不经过著作权人同意，不支付报酬而直接使用其已经发表的作品？"合理使用"有哪些情形？

在某些特殊情况下，自然人、法人或者其他组织未经著作权人同意、未向其支付报酬，也可以使用其已经发表的作品。这种使用只要不损害作品的正常使用，也不会无故危害作者的合法利益，未经许可的使用者就得以免责。这种使用在著作权法上叫做"合理使用"，是对著作权的垄断性的一种限制。

合理使用的场合中，未经许可的使用行为已构成侵权，但使用人可以将"合理使用"作为免责事由进行抗辩。法院将对抗辩成立与否作出裁判。

我国《著作权法》第 22 条第 1 款规定了十二种合理使用的情形：

（1）为个人学习、研究或者欣赏，使用他人已经发表的作品；

（2）为介绍、评论某一作品或者说明某一问题，在作品中适当引用他人已经发表的作品；

（3）为报道时事新闻，在报纸、期刊、广播电台、电视台等媒体中不可避免地再现或者引用已经发表的作品；

（4）报纸、期刊、广播电台、电视台等媒体刊登或者播放其他报纸、期刊、广播电台、电视台等媒体已经发表的关于政治、经济、宗教问题的时事性文章，但作者声明不许刊登、播放的除外；

(5) 报纸、期刊、广播电台、电视台等媒体刊登或者播放在公众集会上发表的讲话，但作者声明不许刊登、播放的除外；

(6) 为学校课堂教学或者科学研究，翻译或者少量复制已经发表的作品，供教学或者科研人员使用，但不得出版发行；

(7) 国家机关为执行公务在合理范围内使用已经发表的作品；

(8) 图书馆、档案馆、纪念馆、博物馆、美术馆等为陈列或者保存版本的需要，复制本馆收藏的作品；

(9) 免费表演已经发表的作品，该表演未向公众收取费用，也未向表演者支付报酬；

(10) 对设置或者陈列在室外公共场所的艺术作品进行临摹、绘画、摄影、录像；

(11) 将中国公民、法人或者其他组织已经发表的以汉语言文字创作的作品翻译成少数民族语言文字作品在国内出版发行；

(12) 将已经发表的作品改成盲文出版。

▶41 判断是否构成"合理使用"可能考虑哪些因素？

我国《著作权法》虽然规定了十二种合理使用的情形，但这些情形不是100％能够构成合理使用。合理使用还必须满足一些其他条件。

《伯尔尼公约》第9条第2款规定：本同盟成员国法律得允许在某些特殊情况下复制上述作品，只要这种复制不损害作品的正常使用也不致无故侵害作者的合法利益。从该款可归纳出合理使用的"三步检验标准"，即：

(1) 特殊情况下；

(2) 不损害作品的正常使用；和

(3) 不致无故侵害作者的合法利益。

《与贸易有关的知识产权协议》(TRIPs)第13条也作出了相同

的规定,即各成员方应将对独占权的限制和例外规定限于某些特殊情况,而不影响作品的正常利用,也不得侵害权利所有者的合法利益。

此外,世界各国均有所借鉴的美国版权法同样值得参考。美国现行《版权法》第107条则规定了合理使用检验的四要素,即:

(1)使用的目的和性质。应考察这种使用是否具有商业性质,或是否是为了非营利的教育目的而使用。如果是营利性使用,则一般被认为是非正当的,这是出于公平原则的考虑,但营利性使用应当与其商业目的指向、具体使用情形等进行综合判断,并非任何营利性使用都必然认定为非合理使用。同营利性使用相比,非营利性虽然具备一定的正当性,但事实上并非任何非营利性使用都是正当的,比如为了诋毁、窃誉、娱乐等目的进行使用,都在一定程度上对著作权所有者构成了侵害。

(2)该版权作品的性质。对不同类型作品的著作权利用形式不同,划分是否合理的界限也不同。

(3)所使用部分的数量与质量同版权作品整体的关系。在所使用的作品中,应考察被使用的部分与整个作品的比例关系,若比例失当则不能属于合理。

(4)该使用对版权作品潜在市场或价值所产生的影响。若使用行为对被用作品的潜在市场价值有重大不利影响,则不属于合理使用的范围。

▲可参考本手册案例解读部分的《80后的独立宣言》海报中怀旧要素的合理使用。

▶42 适当引用应当满足什么条件才不会构成抄袭造成侵权呢?

根据《著作权法》第22条,"适当引用"指为介绍、评论某一作品或者说明某一问题,在作品中适当引用他人已经发表的作品的行为。

适当引用属于合理使用的一种情形,其仍然是对已发表作品进行侵权使用后的免责事由,而非作品非法使用者的权利。

判断是否构成适当引用,应考虑以下因素:

第一,引用的目的主要是为了介绍、评论某一作品;

第二,引用的部分不应构成作品的主体部分或核心观点,否则有可能转化成抄袭;

第三,被引用的作品必须是已经发表的,引用他人未发表的作品则有可能侵犯他人对其作品的发表权;

第四,引用他人作品应当说明作品出处和作者姓名,否则可能构成侵权。

▲可参考本手册案例解读部分的谷阿莫说电影、《一个馒头引发的血案》等"恶搞"短片引发的争议。

▶43 什么是免费表演?

免费表演是指"免费表演已经发表的作品,该表演未向公众收取费用,也未向表演者支付报酬"。免费表演是一种合理使用,不需要征得著作权人许可,也不必向著作权人支付报酬。

目前,社会上经常有一些"义演"活动,如为"希望工程"捐款的演出等,但其均不是"免费表演",因为不满足"未向公众收取费用"的条件。

▶44 著作权"法定许可"与"合理使用"有什么不同?

法定许可,是指在法律规定的特定情形中,使用他人已发表的作品时不需要征得著作权人的同意,但需要向著作权人支付报酬的一种制度。从本质上来说,法定许可剥夺了著作权人在特定情况下基于其著作财产权的议价权，转而由国家制定的统一定价替代之。

世界各国著作权法对法定许可都有规定，但都没有附加任何条件；而我国《著作权法》在规定法定许可使用时附加了一个例外，即"著作权人声明不得使用的除外"。

因此，在我国，构成法定许可需要满足以下条件：

（1）被使用的作品必须是已经发表的作品；

（2）使用人需向著作权人支付报酬；

（3）著作权人没有发表"不能使用"的声明；

（4）尊重作者的著作人身权。

我国《著作权法》第 23 条、第 33 条、第 40 条、第 43 条、第 44 条对法定许可的场合进行了明确的规定，包括：

（1）报刊转载的法定许可；

（2）录音制品的法定许可；

（3）广播电台、电视台的法定许可；

（4）教科书编写和出版的法定许可。

法定许可与合理使用有着相似之处，但又有根本的不同，其主要表现在：

（1）法定许可需向著作权人支付报酬，合理使用是免费使用；

（2）法定许可有附加条件，合理使用则没有；

（3）在使用目的上，经法定许可的使用具有商业性目的，而合理使用只限于非商业性目的。

▶45 法定许可是否允许"先使用后付款"的行为？

允许，但应在使用之日起 2 个月内向著作权人或著作权集体管理组织支付使用费。

法无明文禁止即可为。《著作权法》没有规定支付报酬必须在使用作品之前，"先使用后付款"不违反法律规定。

《著作权法实施条例》第32条规定，依照《著作权法》第23条、第33条第2款、第40条第3款的规定，使用他人作品的，应当自使用该作品之日起2个月内向著作权人支付报酬。

《著作权集体管理条例》第47条第1款规定，依照《著作权法》第23条、第33条第2款、第40条第3款的规定使用他人作品，未能依照《中华人民共和国著作权法实施条例》第32条的规定向权利人支付使用费的，应当将使用费连同邮资以及使用作品的有关情况送交管理相关权利的著作权集体管理组织，由该著作权集体管理组织将使用费转付给权利人。

▲可参考本手册案例解读部分的中国摄影著作权协会维权案。

▶46 在作品中创作的角色是否受到著作权法律的保护？

视情况而定。

角色一般不受著作权法的保护，但是也有例外。如果角色被刻画得非常完整、具体，则会受到著作权法保护。实践中，部分独创性未达到"作品"要求而无法受著作权法保护的作品有可能得到反不正当竞争法的保护。

如《神雕侠侣》中杨过的形象已深入人心，其性格特点、体态外貌已被刻画得非常生动完整。不是所有的武林高手都是杨过，但是论及一个跟着大雕在一起的独臂武林高手，世人马上会联想到的就是杨过。因此，类似这样的角色是受到著作权法保护的。

▲可参考本手册案例解读部分的《大头儿子》人物设计著作权归属与续集制作权纠纷案。

▶47 时事新闻是否受著作权保护？

不受保护。

时事新闻，一般是指即时发生的新闻报道，也包括时事纪实图片。时事新闻不受著作权法保护有两个重要的原因：一是公民的知情权，国家重大新闻应当及时让公众得知；二是时事新闻都是对客观事务的简单报道，几乎没有"创作"成分。

▶48 时事性文章可以随意转载使用吗？

可以，但有例外。

时事性文章是党政机关为某一特定事件而通过报纸、期刊、广播电台、电视台等媒体发表的关于政治、经济、宗教问题的文章，类似于官方文件，通常是为了表明国家或有关政府部门以及执政党在经济、政治、外交等重大问题上的方针、政策。

为使这些方针、政策迅速、广泛地为国内外所了解，《著作权法》第22条第4款规定，前述媒体刊登或者播放其他报纸、期刊、广播电台、电视台等媒体已经发表的关于政治、经济、宗教问题的时事性文章属于合理使用，不需要付费也不需要取得授权，但作者声明不许刊登、播放的除外。

▶49 广播电台播放他人的小说是否适用广播电台电视台的法定许可？

适用。

根据现有规定，广播电台播放他人已发表的小说，可以适用《著作权法》第43条第2款和第44条所规定的法定许可。

▶50 教育出版社未经许可将他人作品改编收录进小学语文教材，是否侵犯著作权？

视情况而定。

不侵犯著作权的情况是：根据《著作权法》第23条的规定，为了实施义务教育和国家教育规划而编写教科书，可以不经作品的作者同意，直接收录该作者的作品进入教材，但是作者事先声明不许使用的除外。将作品编入教材，应向作品的作者支付报酬。

侵犯著作权的情况是：将他人的作品修改后收录进教材。这时，需要征求著作人的意见并获得授权，否则侵犯著作权。

▶51 高考试卷中使用他人作品能否适用法定许可？

可以适用。

法定许可，也可以称为非自愿许可，是指以特定的方式使用已发表的作品，可以不经著作权人的许可，但应向其支付相应的使用费，并且尊重著作权人的其他权利。

由于高考的特殊性、重要性，基于保密和社会公平等原因，事先要求考试中心征得著作权人许可的确强人所难。此时，对于著作权人来说，其个人利益应当做出适当牺牲，服从社会公共利益。然而，著作权人的报酬请求权并不与社会公共利益或者国家机关执行公务相冲突。

从兼顾社会利益和个人利益的角度看，法定许可制度相对于合理使用制度而言，既有对著作权人的限制，也有对著作权人的尊重（即保留了作者的报酬请求权）。因此，著作权人可以依据法定许可获得相应的报酬作为补偿、安慰。

五 文字作品

▶52 什么是文字作品？

文字作品指小说、诗词、散文、论文等以文字形式表现的作品。

文字作品的范围广于文学作品。没有上升到"文学"水准的作品也算文字作品，如产品说明书、理工科方面的学术论文等——因为这些作品是有独创性的文字组合。

以数字、符号表示的作品也属于文字作品，如盲文等。

▶53 如何认定文学作品的抄袭？

关于抄袭的一般问题，请参见本手册问答部分第13节著作权侵权与维权关于抄袭的讨论。简言之，认定抄袭的公式是"接触 + 实质性相似"。其中的接触较好理解，即侵权人能够实际获得或有可能获得原作品，是抄袭的前提条件。实质性相似则是抄袭是否存在的实质标准。

具体到文学作品中，实质性相似有两种情况：

一种是"字面相似"，即通过判断文学作品的文字表达来看是否构成实质性相似。

▲可参考本手册案例解读部分的《圈里圈外》与《梦里花落知多少》抄袭纠纷案。

二是"非字面相似"，即通过分析文学作品的主要人物、情节的相似度、人物在情节中的"化学反应"及其所占整个作品的比例，来判断是否达到了实质性相似。

▲可参考本手册案例解读部分的《地下,地上》与《潜伏》抄袭纠纷案。

▶54 认定文学作品实质性相似时,如何正确区分"思想"与"表达"?

著作权法只保护具体的表达,而不保护其背后的思想。只有两部作品在具体表达上实质性相似时,才能认定抄袭。

所谓思想,包括思路、观念、理论、构思、创意、概念等。例如,"杨贵妃流亡日本而非死于马嵬驿"是一种史学观点,也可当做文学作品的创作思路,但它只是一个抽象构思,未经具有独创性的具体情节或描写的充实,并不受版权保护。

若将文学作品想象成一座金字塔,则塔尖是统领作品的主题,其次是故事的梗概即大致情节,这些都属于思想,较为抽象,不够具体,不受版权保护。再往下,便是每个章节或段落的具体情节,这些已经属于表达的范畴,受版权保护。而位于金字塔底的是支撑起整部作品的具体文字表述,当然受到版权保护。

在划分思想与表达上,法官拥有一定的自由裁量权。一般而言,篇章结构、剧情梗概、人物设置等被认为是思想,而足够具体的情节才能被认为是表达。

▲可参考本手册案例解读部分的吴敬琏传记抄袭纠纷案。

就人物设置而言,单凭两部作品中的人物性格、人物关系近似,一般不足以认定抄袭;但是,如果人物在具体情节中的发展是近似的,则很可能被认定为抄袭。

▲可参考本手册案例解读部分的《地下,地上》与《潜伏》抄袭纠纷案。

▶55 什么是混同原则、场景原则？对认定文学作品抄袭有何影响？

混同原则：如果一种思想实际上只有一种或十分有限的几种表达方式，或者说要表达某一种思想没有其他可供选择的方式，那么，该表达方式也被视作思想，不受版权保护。这实际上是保障不受任何创作者垄断的、处于公有领域中的语言文字。例如，委婉地表达死亡时，多数作者会使用"仙逝""归天""驾鹤西去""百年"等词汇，都不属于抄袭。

场景原则：在文学作品中，如果根据历史或人们的经验、观众的期待，表达某个主题时，必须描述某些场景，或者使用某些场景的安排和设计，那么，即使这些场景是由之前的作品所确立的，后来者以自己的表达方式描写同样场景，也不属于侵权。通俗地说，"老梗"人人得而用之。例如：因家族原因不能结合的男女选择私奔、殉情，是为了以悲剧手法歌颂爱情的矢志不渝；又如，终于冲破藩篱得以结合的二人因车祸等等小概率事件而阴阳两隔，以此表达世事无常。经典"老梗"的使用不构成抄袭。

六　美术作品

▶56　什么是美术作品？

美术作品，是指绘画、书法、雕塑等以线条、色彩或者其他方式构成的有审美意义的平面或者立体的造型艺术作品。

美术作品的审美意义只需要满足最低限度的独创性即可。

▶57　什么是图形作品和模型作品？与美术作品有何异同？

图形作品，是指为施工、生产绘制的工程设计图、产品设计图以及反映地理现象、说明事物原理或者结构的地图、示意图等作品。《著作权法》保护的图形作品主要包括：

（1）工程设计图、产品设计图。指为工程施工和产品生产而绘制的图样以及对图样的文字说明。与一般的美术作品不同，设计图的目的是用于施工或生产。工程设计图与产品设计图的范围比较广泛，包括各种工程、建筑、电路、机械设备的设计图纸以及机械产品、电子产品、化工产品等设计图纸。

（2）地图、示意图。指地图、线路图、解剖图等反映地理现象、说明事物原理或者结构的图形或者模型。与工程及产品设计图明显不同，地图、示意图着重于说明某一现象，而不以按此图去制造某个物品为目的。

模型作品是《著作权法》2001年修改后加以明确规定的一种作品。它是指为展示、试验或者观测等用途，根据物体的形状和结构，按照一定比例制成的立体作品。模型作品擅长于通过对事物特征的取舍或扬抑，或者通过对事物特征的精确描述，直观地描述事物特征，例如建筑模型。

▲可参考本手册案例解读部分的"大黄鸭"在著作权法上的地位。

与美术作品相似，图形作品、模型作品受版权保护的主要依据是美感而非功能。但后两种作品的美感主要是严谨之美与科学之美，而不是美术作品的艺术之美。

▶58 对美术作品的临摹是否构成著作权侵权？

视情况而定。

根据我国《著作权法》第22条及《最高人民法院关于审理著作权民事纠纷案件适用法律若干问题的解释》第18条，当对设置或者陈列在室外公共场所的雕塑、绘画、书法等艺术作品进行临摹、绘画、摄影、录像，并对其成果以合理的方式和范围再行使用时，不构成侵权。

当临摹对象不属于"设置或者陈列在室外公共场所的雕塑、绘画、书法等艺术作品"时，要根据临摹的性质和目的来具体判断，当临摹仅为个人学习之用时不构成侵权，若用作商业目的，则将被追究侵权责任。

▶59 纪录沙画表演过程的电子视频，能否构成视听作品或美术作品？

不能，但可作为录像制品受到邻接权保护。

沙画表演是一个动态的过程，画师手下的沙画图案不停变换，每一幅定格的沙画画面可以作为美术作品予以保护。

但记录沙画表演过程的电子视频很难构成视听作品。沙画表演过程的记录视频是再现画师的创作过程，尽管会以背景音乐作为衬托，但其核心仍在于表现画师个人的创作智慧和才能，记录者仅机械地记录了整个过程，并未在作品的创作上有任何实质性的贡献，因此也难以形成著作权。

但这并不是说他人可以随意使用该记录视频，其仍可以作为录像制品，作为邻接权的客体得到著作权法保护。

▶60　能否不经原作者同意公开陈列竞拍而得的画作？

能。

根据《著作权法》，美术作品的展览权随着原件所有权的移转而移转。不经原作者同意公开陈列美术作品有两个限制：

第一，展出的只能是美术作品或者是类似美术作品性质的作品。这是因为美术作品的价值主要沉淀于原件，而不会通过复制传播转移。买家购买美术作品的意图也主要是欣赏或转售。如果依旧让著作权人保有展览权，则会阻断所有权人就作品所能获得的价值。

第二，要注意该美术作品是否已经发表。我国《著作权法》未对此进行明确规定，但从其他国家法律来看，若未发表美术作品原件被转让，往往推定作者已经许可通过展览该原件的方式发表作品。因此，如果著作权人在转让前未明确表示不得公开展览形式发表，那么买家可以展览该画作。

▶61　版式设计权保护什么？

版式设计，是指图书或者刊物编排格式的设计，包括：版心、排版、用字、行距、标点等，不包括装帧设计。

根据法律规定，受版式设计权保护的人仅限于"出版者"。出版者委托他人进行版式设计的，实践中一般以委托加工合同定性，版式设计权属于委托方（即出版者）。法律赋予版式设计保护时并不关心版式的实际创作者是谁。

出版者享有禁止未经许可的他人复制其版式设计的权利。在实践中，以"副本"形式对他人版式进行直接复制——如盗版、翻印等行为——构成侵权，而借鉴、模仿他人的版式通常不构成侵权。

▶62 对室外艺术品进行临摹、绘画、摄影、录像后，能否以营利为目的使用所获得的复制件或演绎作品？

视情况而定，因为营利与否并非判断是否构成合理使用、进而判断是否侵权的唯一标尺。

《著作权法》第22条第1款规定："在下列情况下使用作品，可以不经著作权人许可，不向其支付报酬，但应当指明作者姓名、作品名称，并且不得侵犯著作权人依照本法享有的其他权利：……（十）对设置或者陈列在室外公共场所的艺术作品进行临摹、绘画、摄影、录像……"此处允许在特定情形下未经许可免费复制特定艺术作品，但并未规定是否能够利用复制形成的复制件。

根据《最高人民法院关于审理著作权民事纠纷案件适用法律若干问题的解释》第18条第2款规定，对前述艺术作品进行临摹、绘画、摄影、录像的人，可以对其成果以合理的方式和范围再行使用，不构成侵权。由此可知，复制形成的复制件可以利用，但不能超过合理的限度；此处并未将营利与否作为一刀切的判断标准。

《中华人民共和国著作权法实施条例》第21条规定："依照著作权法有关规定，使用可以不经著作权人许可的已经发表的作品的，不得影响该作品的正常使用，也不得不合理地损害著作权人的合法利益。"该条对"合理的限度"给出了更明确的判断标准,但仍未以营利与否作为一刀切的判断标准。

上述条文表明,判断复制件或演绎作品是否侵权并不是简单判断是否以营利为目的,而是要仔细甄别是否损害原作者的合法权益。

在现实生活中,很多不以营利为目的的使用,也会构成对他人作品著作权的侵犯,例如:错误标注原作品作者名称、篡改原作品内容等,虽然没有用作商业用途,也属于侵犯原作品著作权。

同样,营利性质的使用不一定构成侵权。例如将公开陈列的具有艺术价值的建筑物的照片制成明信片贩卖,虽然具有营利目的,但一般不会影响著作权人正常使用其作品(建筑物),不构成侵权。

七　摄影作品

▶63　什么是摄影作品？

摄影作品，是指借助于摄影器材在感光材料或者其他介质上记录、再现客观物体形象的艺术作品。

所谓再现客观对象，并不是简单地复制。它包含有作者的创作，这种创作表现为根据作者的不同构思，即选取最能表现物品的某种特点的布局，以便突出表现作者的思想。摄影作品的形成过程充分体现了拍摄者的照相技术、对光线的利用及合理的取景视角。简单的证件照和医院的 X 光照片不属于摄影作品。

▶64　新闻照片是否受著作权法保护？

只要作者在拍摄过程中根据拍摄对象的不同特性，选取不同的场景、角度、光线和拍摄手法，体现了作者的创造性劳动，就可以构成摄影作品。

照片一般受到著作权法保护。这是因为对同一客观对象的拍摄，因光线、视角的不同，可能拍摄出效果存在差异的照片，这反映出不同拍摄者拍摄手法和取材选景的个性化特点，表明对同一对象的拍摄可以形成多种不同的表达，能够体现拍摄者独有的手法和技巧。

新闻照片一般受到著作权的保护，但有例外。依据《著作权法实施条例》，时事新闻是指通过报纸、期刊、广播电台、电视台等媒体报道的单纯事实消息。由于对客观事实进行纯粹描述的表达是有限甚至是唯一的，著作权法并不将时事新闻纳入保护范畴，否则会造成不合理的垄断。

但需要注意的是，不受著作权法保护的时事新闻的特征在于"对客观事实进行纯粹描述"以至于能够采用的表达方式"有限甚至唯一"，所以一旦新闻照片不是单纯的对客观事实进行纯粹描述，或者能够采用的表达方式较为多样，新闻照片便受著作权法保护。

▶65 公益广告中使用的音乐作品或者摄影作品属于合理使用吗？

不属于。

根据《著作权法》第3条的规定，音乐作品和摄影作品均属于本法所保护的范畴，作者对其作品享有著作权，除法律规定外，其他任何人使用其作品都应经过本人同意。换言之，只有《著作权法》明确规定的情形才能构成合理使用。

然而，《著作权法》第二章第四节（权利的限制）并未囊括公益广告这一情形。

因此，即使用于公益广告，也不能擅自使用他人作品。未经许可使用他人作品构成著作权侵权，著作权人可以要求广告公司、广告主等承担相应的民事责任。

八 民间文学艺术作品

▶66 什么是民间文学艺术作品？

民间文学艺术是指某一区域内的群体在长期生产、生活中，直接创作并广泛流传的、反映该区域群体的历史渊源、生活习俗、生产方式、心理特征、宗教信仰且不断演绎的民间文化表现形式的总称，表现形式包括故事、传说、寓言、编年史、神话、叙事诗、舞蹈、音乐、造型艺术、建筑艺术等，其特点是口口相传，没有固定化的有形载体，也没有明确的作者。

《著作权法》授权国务院另行制定民间文学艺术作品的保护方法。自1991年《著作权法》实施以来，一直没有出台具体的有关民间文学艺术作品的保护办法，直至2014年9月2日，国家版权局发布了《民间文学艺术作品著作权保护条例（征求意见稿）》。

民间文学艺术作品符合《著作权法》对"作品"的要求，但是难以确定著作权人和创作的时间，因此其在保护期限、合理使用以及获得授权的渠道等方面不同于其他作品。

现有司法实践认为，某一特定的民间文学艺术作品属于特定社会群体的共同精神文化财富，它并不归属于群体中的某一特定成员，而与所有成员权益息息相关。因此在该作品权益受到侵犯时，该群体中的任何组织、任何成员都有维护本民族民间文学艺术作品不受侵害的权利。

▶67 民间文艺的传承人采用新的形式演绎民间文艺，其成果是否享有著作权？

享有。

根据我国《著作权法》的规定，改编、翻译、注释、整理已有作品而产生的作品，其著作权由改编、翻译、注释、整理人享有，但行使著作权时不得侵犯原作品的著作权。民间文艺的传承人，利用已有的民间文艺，融合自身的创造性劳动，如将传说、故事等以电影、影视剧等方式再现，可以形成演绎作品，从而受到《著作权法》的保护。

民间文艺传承人进行创作的素材具有特殊性，多数时候是早已超过著作权法保护期的已经进入公有领域的老作品。因此，民间文艺创作虽然是基于前人成果，但多数时候不构成侵权。

少数特殊情况下，民间文艺的素材是尚未超过保护期的作品。此时，若有人对作品主张著作权，则使用该作品必须经过授权并支付报酬。若是无人主动主张权利的佚名作品，则为避免侵权，可在适当的位置（如书的封面、影片的开头字幕）标注"根据××改编"，并留存部分资金作为许可使用费。

九　音乐作品

▶68　什么是音乐作品？

音乐作品是指歌曲、交响乐等能够被演唱或者被演奏的带词或者不带词的作品。构成音乐作品的要素是旋律、和声和节奏，音乐作品的独创性产生于其构成要素的结合。

音乐作品的表现形式一般为乐谱，即记录在纸张上的表现声音、节奏的曲谱，歌唱演员或演奏员的现场表演不是音乐作品，但受到表演者邻接权的保护。

但是音乐作品并不一定以乐谱的形式表现出来，即兴的音乐作品即使没有谱写出来，仍受《著作权法》的保护。

▶69　唱腔受到著作权法的保护吗？

唱腔是戏曲、音乐等作品的重要组成部分，包括唱腔设计和唱腔表演，具有独创性的唱腔受《著作权法》保护，具体保护方式如下：

唱腔设计是指带声乐的戏曲旋律，反映了戏曲、音乐等作品的不同风格，也是区别不同作品的重要标志。我国的传统戏曲（如京剧、越剧、豫剧、昆剧、黄梅戏等）的不同派别就有着不同的唱腔设计。唱腔设计通常包括词、曲、念白、舞步等方面的内容，以口头传唱、文本等形式记录下来，凝聚了作者创造性的劳动，符合我国《著作权法》对作品的要求，受到《著作权法》的保护。

此外，唱腔表演也对作品的艺术效果有着实质性的贡献，可以成为邻接权的客体受《著作权法》的保护。

▶70 电影作品配乐的作曲者使用其作品，是否需要征得制片者的同意？

视情况而定。若作曲者未与制片者约定配乐著作权属于制片者，则不需要。

根据《著作权法》第15条第2款规定，电影作品和以类似摄制电影的方法创作的作品中的剧本、音乐等可以单独使用的作品的作者有权单独行使其著作权。在制片者与配乐作曲者的合同中没有约定配乐著作权属于制片者的情况下，配乐的作曲者享有配乐的著作权，可以单独使用其作品。

需要注意的是，作曲者只可单独利用配乐作品本身，未经授权不得利用电影的其他要素，例如画面、台词等。比较常见的单独利用的形式有：播放无画面原声、授权他人表演或改编、制作录音制品。如果需要使用电影的其他要素，则需要取得制片者同意。

▶71 翻唱他人的歌曲并录制发行能否适用制作录音制品法定许可？

法律尚未明确规定，司法实践也不统一。但未来立法有可能取消制作录音制品法定许可，现行司法政策也倾向于不将该法定许可适用于翻唱行为。

最高人民法院在2008年的一起再审案件中认为此项法定许可适用于翻唱，但我国不是判例法国家，北京市石景山区人民法院等基层法院也没有严格遵照该先例。《中华人民共和国著作权法（修订草案送审稿）》已经删去了制作录音制品法定许可。《著作权法》最终修订结果尚未公布，但是考虑到最高人民法院的案例已经过去多年，结合司法实践和修订草案送审稿透露的司法政策风向,有理由期待翻唱行为不受制作录音制品法定许可的保护。

我国现行《著作权法》第40条第3款规定了对录音制品的法定许可,录音制作者"使用他人已经合法录制为录音制品的音乐作品制作录音制品,可以不经著作权人许可,但应当按照规定支付报酬;著作权人声明不许使用的不得使用"。若修订后的《著作权法》删去这一款,则翻唱行为将不再因法定许可而豁免。

即便在现行法律框架下,也能够合理主张翻唱不属于制作录音制品法定许可适用的情形。翻唱的本质是对已发表的音乐作品的改编、表演。对翻唱的录制并非是对已经合法录制为录音制品的音乐作品的录制,而是对一个新的表演的录制。翻唱行为仍受表演权和表演者权的控制,不适用录音制品的法定许可制度。

▶72 未经许可录制影视作品的背景音乐是否适用录音制品法定许可?

不适用。

《著作权法》第40条第3款的规定仅限于录音制品的法定许可,录制的对象是他人已经合法录制为录音制品的音乐作品,该项法定许可不适用于录像制品。对于影视作品中的背景音乐而言,如果录制的对象不是背景音乐的录音制品,而是包含背景音乐音轨的影视作品,则显然不能适用录音制品法定许可制度。

如果影视作品中的背景音乐能够作为音乐作品独立出来,同时被合法录制为录音制品(例如发行了影视音乐原声带),则未经著作权人许可录制该合法录音制品可以适用录音制品法定许可。

▶73 什么是音著协的集体管理?怎么收费和授权?作者如何得到授权许可费?

音著协全称中国音乐著作权协会,是对音乐著作权集体管理的组织。著作权集体管理，是指著作权集体管理组织经权利人授权，集中行使权利人的有关权利并以自己的名义进行著作权许可相关的活动。《著作权集体管理条例》第2条规定了我国著作权集体管理组织可以从事以下活动：

（1）与使用者订立著作权或者与著作权有关的权利许可使用合同（以下简称许可使用合同）；

（2）向使用者收取使用费；

（3）向权利人转付使用费；

（4）进行涉及著作权或者与著作权有关的权利的诉讼、仲裁等。

根据《著作权集体管理条例》第19条："权利人可以与著作权集体管理组织以书面形式订立著作权集体管理合同，授权该组织对其依法享有的著作权或者与著作权有关的权利进行管理。权利人符合章程规定加入条件的，著作权集体管理组织应当与其订立著作权集体管理合同，不得拒绝。"通过与著作权集体管理组织订立"著作权集体管理合同"，著作权人授权集体管理组织对其权利进行管理。

根据《著作权集体管理条例》第28条：著作权集体管理组织可以从收取的使用费中提取一定比例作为管理费，用于维持其正常的业务活动。著作权管理组织提取管理费的比例应当随着使用费收入的增加而逐步降低。

根据《著作权集体管理条例》第29条：著作权集体管理组织收取的费用，在提取管理费后，应当全部转付给权利人，不得挪作他用。著作权集体管理组织转付使用费，应当编制使用费转付记录。使用费转付记录应当载明使用费总额、管理费数额、权利人姓名或者名称、作品或者录音录像制品等名称、有关使用情况、向各权利人转付使用费的具体数额等事项，并应当保存10年以上。

▲可参考本手册案例解读部分的中国摄影著作权协会维权案。

十　影视作品

▶74　什么是电影作品和以类似摄制电影的方法创作的作品，以及前者与录像制品的区别？

电影作品和以类似摄制电影的方法创作的作品，又称视听作品，是指摄制在一定介质上，由一系列的伴音或无伴音的画面组成，并且借助适当的装置放映或者以其他方式传播的作品。视听作品包括电影作品、电视作品等。

受保护的视听作品指的是能够观看的影片或录像片，而不是剧本。视听作品是典型的复合作品和合作作品，其中既包含了导演巨大的创作劳动，也包含了一些受著作权法保护的独立客体，如音乐作品、文字作品、摄影作品等，这些独立的作品可以单独行使著作权。

录像制品，根据《著作权法实施条例》，是指电影作品和以类似摄制电影的方法创作的作品以外的，任何有伴音或者无伴音的连续相关形象、图像的录制品。录像制品的内容可以是视听作品之外的作品（例如将美术馆中的若干幅画拍摄为幻灯片），也可以是缺乏独创性、不构成作品的内容，如表演活动、球赛等。录像制品一词的落脚点是制品，强调的是有形载体，而非内容本身，这是因为录制行为是高度机械的，不需要录像制品制作者的创造性劳动。也因此，录像制品只受到邻接权保护，保护力度比著作权弱。

根据《人民法院案例与评注》（民事十一卷），电影等视听作品的碟片属于作品的复制件，而不属于录像制品。影视剧的VCD、DVD等光碟受到狭义著作权（即著作财产权和著作人身权，不包括邻接权；广义著作权也包括邻接权）的保护，而演唱会、体育比赛的光碟属于录像制品的复制品，只受到邻接权的保护。

▶75 电影作品的著作权归谁所有？

制片者。

我国《著作权法》第 15 条规定：电影作品和以类似摄制电影的方法创作的作品的著作权由制片者享有，但编剧、导演、摄影、作词、作曲等作者享有署名权，并有权按照与制片者签订的合同获得报酬。电影作品和以类似摄制电影的方法创作的作品中的剧本、音乐等可以单独使用的作品的作者有权单独行使其著作权。

▶76 电影作品的制片者如何确定？

主要依据当事人就作品著作权归属的相关合同约定进行判断。

实践中对"制片者"并无统一的称谓，制片者的署名存在不同的形式，例如"出品单位""出品方""摄制单位""联合制作单位"等。在无相反证明的情况下，一般认为署名为"出品单位""出品方""出品人""摄制单位""联合制作单位"的，为电影作品的制片者。

▶77 电影、电视剧中的服装、灯饰、背景设计者对其作品享有著作权吗？

电影、电视剧中的服装、灯饰、背景设计等构成著作权法保护的作品时，其权利归属首先由有关其著作权权利归属的合同确定。如果上述作品构成委托作品、职务作品或法人作品时，在无相反合同约定的情况下,其著作权归属依据《著作权法》有关委托作品、职务作品或法人作品著作权归属的原则确定。

▶78 电影、电视导演、编剧享有什么权利?

导演和编剧对电影、电视作品享有署名权和获取报酬权。编剧对剧本自身可能享有著作权。

电影作品的著作权属于制片者,编剧和导演等其他创作人员有权要求署名并获得报酬。《著作权法》第15条第1款规定,电影作品和以类似摄制电影的方法创作的作品的著作权由制片者享有,但编剧、导演、摄影、作词、作曲等作者享有署名权,并有权按照与制片者签订的合同获得报酬。

编剧对剧本本身可能享有著作权。编剧是否对剧本自身享有著作权,取决于剧本是否构成委托作品,以及编剧和制片者对剧本权利归属的具体约定。受委托创作的剧本的著作权归属由委托人和受托人双方约定,如果未作明确约定,由受托人获得剧本的著作权。《著作权法》第15条也规定,电影作品和以类似摄制电影的方法创作的作品中的剧本、音乐等可以单独使用的作品的作者有权单独行使其著作权。可见,在没有相反约定的情形下,编剧有权单独利用剧本。

根据《著作权法》第12条,改编、翻译、注释、整理已有作品而产生的作品,其著作权由改编、翻译、注释、整理人享有,但行使著作权时不得侵犯原作品的著作权。电影、电视是剧本的改编作品,所以如果编剧享有对剧本的著作权,则制片者行使著作权时,不得侵犯编剧的著作权。

此外,《伯尔尼公约》第14条第2款规定,根据文学或艺术作品制作的电影作品以任何其他艺术形式改编,在不妨碍电影作品作者授权的情况下,仍需经原作者授权。也就是说,若编剧享有著作权,则将电影作品改编为其他艺术形式,需要经过编剧和制片者的双重许可,但编剧行使自己的权利时,不得不正当地妨碍制片者的授权行为。

▲可参考本手册案例解读部分的郭敬明与乐视影业《爵迹》海报上导演署名权纠纷案、《芈月传》编剧署名权纠纷案。

▶79 编剧协议中委托方可以采取哪些方式控制剧本质量风险?

由于剧本的质量很大程度上会决定电影质量,从而对制片方的利益产生很大影响,这种影响很难通过事后追究责任来弥补,所以需要通过事前控制来降低剧本质量风险。

第一,要保证委托方对剧本内容的决定权,也就是通过合同赋予委托方如下权利:(1)修改或委托他人修改剧本的权利。(2)要求编剧再次修改剧本的权利。(3)最终决定剧本内容的权利。(4)决定是否使用剧本的权利。这是最基本也是最主要的条款,只有如此才能保障委托方对剧本内容的控制,当然上述条款应受到一定程度的限制,应合理行使。

第二,建立合理的审查机制。建议通过分阶段审查来监控编剧对剧本的创作情况,从而保证剧本的阶段性质量。例如,在合同中规定"第一阶段为工作筹备阶段,本合同签订之日起××日内,甲方向乙方交付工作所需的全部资料、文件(包括但不限于:创意阐述、简要大纲、授权文件等)及第一期稿酬。第二阶段为故事大纲提交,××年××月××日前,乙方完成故事大纲和人物设计交付甲方,甲方认可后××日内向乙方支付第二期稿酬……第三阶段……第四阶段……"

第三,建立分成激励机制。利用后期分成和奖励来提高编剧的积极性,即使数额不大,也足以让编剧直接感受到后期电影质量对其自身利益的影响，从而促使其主动提高剧本质量。

▶80 制片方拒绝了编剧的剧本，但事后却发现与剧本类似的影视作品播出，编剧该怎么办？

应当及时固定证据，考量维权成本、胜算大小，选择争议解决手段。具体而言：

第一，可以前往著作权登记机构对剧本的著作权进行登记，以在一定程度上明确著作权的归属。

第二，以著作权登记为凭据，与制片方协商，当双方调解协商不成，可以通过诉讼的方式解决纠纷。

第三，目前司法实践中，对著作权侵权行为逐渐形成了"实质性相似加接触"的基本规则，该规则已经逐步成为判定著作权侵权行为的核心标准。"实质性相似加接触"规则是指如果被控作品与权利人的作品实质性相似，同时作品权利人又有证据表明被告在此前具备了掌握该作品的条件，那么就应当由被告来证明其所使用的作品的合法来源，否则即应承担侵权赔偿责任。根据我国的举证规则，在本问题情形下，应由剧本创作者举证证明制片方的影视作品依据的剧本与剧本创作者曾经提交给制片方的剧本实质性相似，且需证明制片方曾经接触过剧本创作者认为被侵权的剧本。

第四，根据我国《著作权法》第49条规定：侵犯著作权或者与著作权有关的权利的，侵权人应当按照权利人的实际损失给予赔偿；实际损失难以计算的，可以按照侵权人的违法所得给予赔偿。赔偿数额还应当包括权利人为制止侵权行为所支付的合理开支。权利人的实际损失或者侵权人的违法所得不能确定的，由人民法院根据侵权行为的情节，判决给予50万元以下的赔偿。根据上述条款，剧本创作人可以衡量诉讼可获得利益和所需的成本，以此选择解决纠纷的方式。

▶81 有人主张制片方备案的剧本大纲侵权，制片方该怎么做？

首先，应当要求主张侵权的人出示证据。

著作权侵权要求具备"接触 + 实质性相似"的要素。他人主张剧本大纲侵权，要证明自己对创作在先的作品享有著作权，备案的剧本梗概与其实质相似，以及被控侵权人实际接触过或有很大可能性接触过现行创作的作品。

因此，面对侵权指控，首先应当让主张侵权的人说明自己是谁、创作了什么作品或者对什么作品享有著作权，并要求指出两部作品的相似之处。

其次，尽快开始搜集免责的证据，并且最好在平时的创作中养成保留工作底稿的习惯。只要剧本是独立创作的，就不存在"接触"，即便与他人作品相似，也不构成侵权，而只是巧合。因此，被告知侵权之后，要及时整理、固定自己独立创作剧本大纲的证据。平时工作时，最好也留存工作底稿、手稿等文件；如果为了创作和委托方或合作者有所沟通，相关通信往来、聊天记录也可作为证据。

最后，应当及时联络、咨询著作权律师。已经进入剧本梗概备案阶段的影视项目往往已经投入了较多人力、财力、物力，需要尽快解决法律纠纷避免拖延项目进度。此外，若反应迟缓，未能及时制定策略，导致主张侵权的人胜诉并禁止影视剧的拍摄，则制片方很可能会追究编剧方的责任，也会损害编剧方的业内声誉。

▶82　离婚时，剧本版权能否进行分割？

根据现行法律文本，剧本版权自身不可分割，但版权在婚姻存续期间产生的收益可以分割。但不排除在理论上说服法官分割婚后创作的剧本的著作财产权的可能性。

根据《婚姻法》第 17 条，夫妻在婚姻关系存续期间所得的知识产权的收益，归夫妻共同所有。《最高人民法院关于适用〈中华人民共和国婚姻法〉若干问题的解释（二）》第 12 条规定，"知识产权的收益"，是指婚姻关系存续期间，实际取得或者已经明确可以取得的财产性收益。举例来说，已经到账的稿酬属于实际取得的收益，而已签订剧本创作合同，但尚未到账的稿费则属于已经明确可以取得的收益。

《婚姻法》和司法解释都将夫妻共同财产局限在知识产权的"收益"，而非知识产权本身。此外，法条未对取得知识产权的时间点进行明确规定，可见法条关注的是知识产权产生收益的时间点在婚姻存续期间内，而不关注产生收益的知识产权创作于婚前还是婚后。可见，若法官严格按照法条字面意思适用法律，则剧本版权不得分割，只有版权在婚姻存续期间产生的收益可以分割。这样的结果对创作方有利。

但是非剧本创作方在离婚中也未必一无所获。理论上，仍存在说服法官分割婚后创作的剧本的版权的可能性。夫妻共同财产还包括《婚姻法》第 17 条第 1 款第 5 项规定的"其他应当归共同所有的财产"，这一兜底条款为法官行使自由裁量权留有余地。换言之，"其他应当归共同所有的财产"有可能被解释为囊括婚姻存续期间一方取得的著作权中的著作财产权，但著作人身权具有极强的人身依附性，不因婚姻关系而在夫妻间共有。

▶83 综艺节目的模式是否受著作权法保护？

2015年4月颁布实施的《关于审理涉及综艺节目著作权纠纷案件若干问题的解答》认为，综艺节目模式属于思想的，不受著作权法的保护，但综艺节目中的节目文字脚本、舞美设计、音乐等构成作品的，可以受著作权法的保护。

著作权不保护思想，但是保护表达。虽然创意不受《著作权法》保护，但具体实施、支撑创意的各类细节，如音乐、舞台美术设计、固定性的台词等，作为对节目创意的细化和表达，在具有独创性的前提下，应当受到《著作权法》的保护。

十一　表演者权

▶84　什么是表演者？

表演者指演员、演出单位或者其他表演文学、艺术作品的人。

《保护表演者、音像制品制作者和广播组织罗马公约》认为，表演者是指演员、歌唱家、舞蹈家和表演、歌唱、演说、朗诵、演奏或以别的方式表演文学艺术作品的其他人员，但第9条又允许缔约国"根据国内法律和规章将本公约提供的保护扩大到不是表演文学或艺术作品的艺人"。而根据我国《著作权法实施条例》第5条的规定，表演者指演员、演出单位或者其他表演文学、艺术作品的人。不包括运动员、节目主持人等。此外，由于杂技艺术作品属于受我国《著作权法》保护的作品，杂技演员、魔术师、马戏演员等也属于表演者范畴。

根据我国《著作权法》第37条的规定，表演者包括演员和演出单位。演出单位虽然不登台演出，但是在培训、组织、投资等承担市场风险和责任，基于公平的考虑，法律也赋予演出单位以表演者的权利。

▶85　什么是表演者权？

表演者权，是表演者依法对其表演所拥有的权利的总称。

我国《著作权法》第38条规定了表演者所享有的精神权利和财产权利，包括六项内容：

（1）表明表演者身份，向公众表明演员的姓名、演出单位。

这是表演者不可分割的人身权利之一。

（2）保护表演者形象不受歪曲。对表演者形象的歪曲和丑化一般是指对表演者塑造的形象本身进行改变，例如，对某一英雄人物形象进行画面拼接和配音，使之在肢体动作、行为或语言、声调方面变换为一种恶俗的形象，进而造成对原有形象歪曲或丑化的效果。值得注意的是，对表演者的表演风格、演绎水平、人物造型等所进行的批评，即便是严厉或讽刺性的批评都属于对表演的评论，不应视作对表演者形象的歪曲或丑化。

（3）许可他人从现场直播和公开传送其现场表演，并获得报酬。现场直播是通过通讯技术，将现场表演传播到现场之外。公开传送，则是指将传播设备的终端设置于公共场所，使公众能够欣赏现场表演。

（4）许可他人录音录像，并获取报酬。《著作权法》规定，不论是否以营利为目的，对表演者的表演进行录音录像，都应经过表演者的同意。

（5）许可他人进行复制、发行录有其表演的录音录像制品，并获得报酬。

（6）许可他人通过信息网络向公众传播其表演，并获得报酬。

需要注意的是，表演者在有关财产利益的权利的行使方面要受到被表演的作品的著作权人权利的限制。表演者的许可权只有在作者授权的前提下才具有完整性。表演者的义务主要包括：

（1）表演者表演他人的作品，应当征得著作权人的许可并向其支付报酬；由演出组织者组织演出的，由该组织者取得著作权人许可，并支付报酬。

（2）使用改编、翻译、注释、整理已有作品而产生的作品进行演出，应当取得改编、翻译、注释、整理作品的著作权人和原作品的著作权人许可，并支付报酬。

▶86　表演者权与表演权之间有什么区别？

表演权是著作权人的权利，针对的对象是作品。表演者权是表演者的权利，针对的对象是表演活动。

表演权人有权利禁止他人未经许可而表演其作品。表演行为有三类：公开朗诵或公开口述、现场表演、机械表演。其中，机械表演是指以物质载体的形式，借助放映机、录音机、录像机等技术设备，向公众传播被记录下的文字、声音、图像。

表演者权是表演者依法对其表演活动所拥有权利的总称。具体内容请参考上一问的内容。从现有法律规定上看，表演者权不能控制对载有其表演的录音录像制品进行播放的行为，亦即表演者权不含有机械表演这一权利内容。

▶87　动物表演受著作权法保护吗？

存在争议，倾向于认为不受保护。

动物表演主要依靠驯养人员的训练经验和动物的配合才能完成。训练经验展现的是驯养人员的个人技能，而动物配合一方面取决于驯养人员的训练过程，另一方面也取决于动物自身的领悟能力，具有不确定性，如果予以著作权保护，将难以划定保护范围。

此外，若因某个技巧动作的创造者以拥有这个技巧动作的著作权为由将其垄断，将不利于动物表演等杂技艺术的传播和发展。

因此，除了表演过程中的音乐、舞蹈编排可构成音乐作品、舞蹈作品外，动物表演的技艺是难以受到著作权法保护的。可尝试对训练动物的手段寻求《反不正当竞争法》上的商业秘密的保护。

▶88 魔术表演受著作权法保护吗？

魔术要受到著作权法的保护，必须具有独创性，且能够以有形形式复制。

魔术一般具有独创性。一场完整的魔术通常包括魔术构思和表演，并配以相应的音乐、舞蹈、场景、道具等设计和编排。其中，魔术构思是魔术的核心内容，反映了魔术师为实现魔术效果而进行的一系列操作步骤、流程环节、形体动作上的独特编排，具有独创性。

但是，魔术是否能够有形复制则争议颇多。由于魔术构思的隐秘性，使得观众无法从魔术表演中完全得知魔术背后的诀窍和真相。因此，呈现在观众眼前的魔术表演是无法完全展现魔术构思的，观众也无法通过观看魔术表演而进行完整的模仿。即使魔术表演中存在某些可以模仿的部分，如音乐、舞蹈、动作的编排和设计等，在具备独创性的前提下，也可通过音乐作品、舞蹈作品等单独予以保护。据此，魔术构思的可复制性受到质疑。

然而，如同戏剧作品保护的是戏剧剧本，如果魔术构思能够以文本、录音录像等方式记录下来，即通过文字或者表演者的演示将魔术的动作解析、诀窍方法记录保存下来，在满足独创性的前提下，不排除魔术可以受到著作权法的保护。这种将魔术固定在有形载体上的行为也伴有"露馅"的风险，因此与其寻求《著作权法》的有期限的保护，不如寻求《反不正当竞争法》上商业秘密的保护。

十二　信息网络传播权

▶89　什么是信息网络传播行为？

《著作权法》第 10 条第 1 款第 12 项规定，信息网络传播权是以有线或无线方式向公众提供作品、使公众可以在其个人选定的时间地点获得作品的权利。上述定义主要是在描述"交互式"传播的特征，由此可知此权利核心在于控制未经许可的交互式网络传播行为。

著作权法所称的信息网络传播行为特征有二：其一，是通过网络向公众提供作品。此处"提供"强调公众获取作品的可能性，而不论是否有人实际下载、浏览作品。其二，是传播形式为交互式传播，即并非由传播者指定受众获得作品的时间、地点，而是使公众可以在其个人选定的时间、地点获得作品。

因此，并未采取交互式手段的传播（如实时网络广播）不属于著作权法规定的信息网络传播行为，未经授权的此类行为也不侵害信息网络传播权。但若往期节目被录制并可供点播，则构成信息网络传播。

通常而言，侵犯信息网络传播权的行为有下列几种（假设行为人都未获授权）：

第一，网站经营者直接将数字化作品置于开放的网络服务器上供用户在线欣赏或下载。

第二，用户将数字化作品置于开放的网络服务器上供用户在线欣赏或下载。

第三，用户将数字化作品置于 P2P 平台划定的"共享区"，供同类 P2P 软件的用户搜索、下载。

第四，其他交互式点播，如数字电视点播。

▶90 什么是"避风港原则"？

"避风港原则"是对网络服务提供者的侵权责任的庇护——若网络服务提供者（例如百度公司）既不明知也不应知侵权行为的存在，则只要其在接到权利人的合理通知后及时移除侵权内容，便不承担责任。

避风港原则的适用需满足下列条件：

（1）必须是网络技术服务提供者只为用户提供存储、搜索等服务，而自己不生产内容；

（2）权利人已经采取书信、电子邮件等方式通知网络服务提供者，并提供相应的证据的行为；

（3）网络服务提供者根据权利人的通知后履行了删除的义务。

在互联网高速发展的今天，避风港原则的适用使网络服务提供者不致轻易陷入法律困境，保护了网络产业的健康发展。但同时，网络技术服务提供者应当承担合理的"注意义务"，当网络用户的侵权行为达到了相同情况下的理性人都能够发现的地步时，网络服务提供者则不能简单地以"避风港原则"来逃避责任。

▲可参考本手册案例解读部分的奇志、大兵诉新浪案。

▶91 通知与"避风港原则"的关系是什么？

"通知"是适用"避风港原则"的条件之一，权利人需要对网络服务提供者进行符合法律要求的通知，并要用证据证明存在侵权事实。

我国《信息传播权保护条例》明确规定了通知的内容及方式。通知书应当包含：

(1)权利人的姓名(名称)、联系方式和地址;

(2)要求删除或者断开链接的侵权作品、表演、录音录像制品的名称和网络地址;

(3)构成侵权的初步证明材料。

此外,权利人应当对通知书的真实性负责。

▶92 盗版网站无授权转载我的作品是侵权吗?可以起诉网站承担法律责任吗?

视情况而定。

盗版网站有两种可能的身份:网络服务提供商(ISP,Internet Service Provider)和网络内容提供商(ICP,Internet Content Provider)。若盗版网站是网络服务提供商,则其只是为用户搬运、上传、分享盗版内容提供资源上的便利,一般而言对用户侵犯信息网络传播权的行为并不知情。若盗版网站是网络内容提供商,则网站内容多是网站自己的工作人员搜集并提供的,也就是说网站本身知情且积极实施侵犯信息网络传播权的行为。

作为网络内容提供商的盗版网站无授权转载构成侵权,可以起诉。

作为网络服务提供商的盗版网站是否构成侵权受到"避风港原则"的限制。

▶93 什么是网络服务提供者的"过错"?

判定网络服务提供者侵犯信息网络传播权,需要满足四个条件:违法行为、损害后果、违法行为与损害后果间具有因果关系、网络服务者存在过错。网络服务提供者的侵权责任以其存在过错为前提。网络服务提供者若知道或有合理理由知道其行为的不良后果,则存在过错,反之则不存在过错。

2014年6月，最高人民法院出台《关于审理利用信息网络侵害人身权益民事纠纷案件适用法律若干问题的规定》，列出了认定网络服务提供者是否"知道"应当综合考虑的因素。虽然该司法解释与著作权无关，但是其提供的判断网络服务提供商是否存在过错的标准值得参考。这些标准是：

（1）网络服务提供者是否以人工或者自动方式对侵权网络信息以推荐、排名、选择、编辑、整理、修改等方式作出处理；

（2）网络服务提供者应当具备的管理信息的能力，以及所提供服务的性质、方式及其引发侵权的可能性大小；

（3）该网络信息侵害人身权益的类型及明显程度；

（4）该网络信息的社会影响程度或者一定时间内的浏览量；

（5）网络服务提供者采取预防侵权措施的技术可能性及其是否采取了相应的合理措施；

（6）网络服务提供者是否针对同一网络用户的重复侵权行为或者同一侵权信息采取了相应的合理措施；

（7）其他相关因素。

▶94 我通过搜索引擎发现他人未经许可在互联网上使用我的作品，谁应该承担责任？

首先，使用作品的人（即直接上传、传播作品的网络用户）若明知是他人作品或应当知道是他人作品，仍然未经许可直接使用，则构成了直接侵权行为，应当承担侵权责任。

其次，搜索引擎（例如百度）属于上一问中提及的网络服务提供商，当其对用户的侵权行为不知道也不应当知道时，不存在过错，不承担责任。但当搜索引擎收到请求删除、屏蔽、断开侵权信息链接的有效通知时，若未采取相应措施，则应当与侵权网络用户共同承担侵权责任。

▲可参考本手册案例解读部分的百度 MP3 搜索引擎侵权案。

▶95 停止侵害在网络空间中如何执行？

如前所述，网络服务商包括网络服务提供商和网络内容提供商。网络内容提供商应当移除其提供的被控侵权作品。对于提供信息存储空间、搜索或链接的网络服务提供商而言，可以通过"删除作品、表演、录音录像制品，或者断开与作品、表演、录音录像制品的链接"的方式来执行"停止侵害"；对于提供网络平台的网络服务提供商而言，可以通过"终止某一特定的实施侵权行为的注册用户的网络账号，或是阻止用户访问某一特定的传播侵权作品的网站"来执行"停止侵害"。

法院在考虑责令网络服务提供商停止侵权时，应考虑这是否会给网络服务提供商及其系统或网络的运行造成明显负担，是否在技术上可行和有效，是否会干预注册用户访问其他网站上的非侵权材料，以及是否存在其副作用更小、更有效防止或制止访问的其他措施等因素。

▶96 微信公众号未经许可转载他人作品是否构成侵权？

构成侵权。

2015 年 4 月，国家版权局出台《关于规范网络转载版权秩序的通知》，其中规定：互联网媒体转载他人作品，应当遵守著作权法律法规的相关规定，必须经过著作权人许可并支付报酬，并应当指明作者姓名、作品名称及作品来源。法律、法规另有规定的除外（编者按：主要指合理使用、法定许可这两种对著作权的限制）。互联网媒体依照前款规定转载他人作品，不得侵犯著作权人依法享有的其他权益。

需要特别注意的是，该《通知》第 2 条明确指出，报刊转载法定许可(《著作权法》第33条第2款)不适用于互联网媒体之间以及互联网媒体与报刊单位之间的转载。换言之，微信公众号等互联网媒体不被视为"报刊"，不得未经许可有偿转载其他报刊上已刊登的作品。

此外，根据该《通知》第4条，对时事文章的合理使用(《著作权法》第22条第1款第4项)也不适用于微信公众号，只适用于传统媒体。

虽然该《通知》是效力等级低于规章的规范性文件，且区分对待传统媒体与新媒体的政策依据并未公开，但法院和行政机关仍很可能参照该《通知》。

根据该《通知》及《著作权法》相关规定，微信公众号作为互联网媒体，若未经许可转载他人作品，则构成侵权。

十三 著作权侵权与维权

▶97 著作权侵权行为有哪些类型？

我国《著作权法》第47条、第48条规定了两种类型的侵犯著作权的行为。其中，第47条规定了仅承担民事责任的侵权行为，第48条规定了承担民事责任、行政责任或者刑事责任的侵权行为。

仅承担民事责任的著作权侵权行为有：

（1）未经著作权人许可，发表其作品的；

（2）未经合作作者许可，将与他人合作创作的作品当做自己单独创作的作品发表的；

（3）没有参加创作，为谋取个人名利，在他人作品上署名的；

（4）歪曲、篡改他人作品的；

（5）剽窃他人作品的；

（6）未经著作权人许可，以展览、摄制电影和以类似摄制电影的方法使用作品，或者以改编、翻译、注释等方式使用作品的，本法另有规定的除外；

（7）使用他人作品，应当支付报酬而未支付的；

（8）未经电影作品和以类似摄制电影的方法创作的作品、计算机软件、录音录像制品的著作权人或者与著作权有关的权利人许可，出租其作品或者录音录像制品的，本法另有规定的除外；

（9）未经出版者许可，使用其出版的图书、期刊的版式设计的；

（10）未经表演者许可，从现场直播或者公开传送其现场表演，或者录制其表演的；

(11)其他侵犯著作权以及与著作权有关的权益的行为。

承担民事责任、行政责任或者刑事责任的侵权行为包括：

(1)未经著作权人许可，复制、发行、表演、放映、广播、汇编、通过信息网络向公众传播其作品的，本法另有规定的除外；

(2)出版他人享有专有出版权的图书的；

(3)未经表演者许可，复制、发行录有其表演的录音录像制品，或者通过信息网络向公众传播其表演的，本法另有规定的除外；

(4)未经录音录像制作者许可，复制、发行、通过信息网络向公众传播其制作的录音录像制品的，本法另有规定的除外；

(5)未经许可，播放或者复制广播、电视的，本法另有规定的除外；

(6)未经著作权人或者与著作权有关的权利人许可，故意避开或者破坏权利人为其作品、录音录像制品等采取的保护著作权或者与著作权有关的权利的技术措施的，法律、行政法规另有规定的除外；

(7)未经著作权人或者与著作权有关的权利人许可，故意删除或者改变作品、录音录像制品等的权利管理电子信息的，法律、行政法规另有规定的除外；

(8)制作、出售假冒他人署名的作品的。

▶98 在不知情的情况下未经许可使用了他人作品是否构成著作权侵权？

构成。

如果直接侵权的人能够证明自己没有过错，则可以免于承担损害赔偿的责任；但停止侵权、消除影响、赔礼道歉的责任不能免除。

▶99 抄袭在著作权法里指什么？

抄袭或曰剽窃，从著作权的具体权能角度看，是侵犯他人复制权、改编权的行为。

侵犯复制权的剽窃，是指稍微改变他人的作品的内容或者形式，然后将他人作品的全部或部分内容作为自己的作品发表。侵犯改编权的剽窃，是指用新的文学或艺术表达方式，将他人作品的内容加以改编，并当做自己创作的作品发表。

认定剽窃需要满足"接触 + 实质相似"的公式。

▶100 如何证明侵权人"接触"过自己的作品？

直接证明侵权人确实接触过被剽窃作品，或通过被剽窃作品可在公开渠道获取而间接证明。

直接证明，即提供证据，证明被告曾阅读过、见到过、购买过原告的作品，或被告曾在原告处工作或通过其他方式接触过原告的作品。

间接证明，即提供证据，证明原告作品在被告作品之前就已经通过发行、展览、表演、放映、广播等方式公之于众，或原告之前已经对其作品办理注册或者登记，而注册或登记档案可供公众查阅。

在具体实践中，对于行为人是否有机会接触或者已经实际接触，法官采用民事诉讼的一般标准，即高度盖然性标准。该标准并不要求排除合理怀疑，只要求法官根据心证，认为被控侵权人有很大可能性已经接触过被剽窃作品即可。

▲可参考本手册案例解读部分的薛克华与燕娅娅侵害著作权纠纷案、《富春山居图》剧本抄袭案。

▶101　法院如何认定"实质性相似"？

比较的对象：两部作品的具体表达，而非其构思。

比较的方法：先排除公有领域中的语言文字和通用素材等，再从整体上比较，绝非机械、割裂地进行比较。同时考虑相似内容所占比例和重要性等问题。

▲可参考本手册案例解读部分的《我和你》抄袭纠纷案、《吉祥天女》与《千手观音》抄袭纠纷案、《宫锁连城》剧本抄袭案等。

此外，专业的鉴定意见可能被法院所采纳。

▲可参考本手册案例解读部分的雪碧广告歌抄袭案。

文学作品的实质性相似的判定，请参考本手册问答部分关于文字作品的讨论。

▶102　著作权侵权的民事责任有哪些？

停止侵害、消除影响、赔礼道歉、赔偿损失等。

"停止侵害"是指权利人有权请求法院判令侵权人立即停止其不法行为，且今后不得再行实施，适用于对著作财产权和著作人身权的侵犯。

"消除影响""赔礼道歉"主要适用于对著作人身权的侵犯。消除影响的范围一般与侵权造成的影响的范围相一致，公开赔礼道歉的形式可以口头、书面或者在报刊上登载致歉声明等，范围也应当与侵权的情节程度相适应。

"赔偿损失"主要适用于对著作财产权的侵犯，但当对著作人身权的损害适用其他民事责任形式不足以平复权利人损害与制裁不法行为人时，也可以适用赔偿的民事责任形式。赔偿的范围一般以权利人实际受到的损失为准，对权利人受到的损失不法行为人应当全部赔偿。在权利人受到的损失不易计算的情况下，也可以将侵权人的不法获利作为权利人的损失额进行赔偿。

▶103 著作权侵权的赔偿数额是如何确定的？

总体原则：以实际损失为准，实际损失难以计算时以违法所得为准，违法所得难以计算时以法院自由裁量为准；不论如何计算，都应包括权利人为制止侵权行为所支付的合理开支。

《著作权法》第 49 条规定，侵犯著作权或者与著作权有关的权利的，侵权人应当按照权利人的实际损失给予赔偿；实际损失难以计算的，可以按照侵权人的违法所得给予赔偿。赔偿数额还应当包括权利人为制止侵权行为所支付的合理开支。权利人的实际损失或者侵权人的违法所得不能确定的，由人民法院根据侵权行为的情节，判决给予 50 万元以下的赔偿。

《最高人民法院关于审理著作权民事纠纷案件适用法律若干问题的解释》（下称《解释》）第 24 条规定，权利人的实际损失，可以根据权利人因侵权所造成复制品发行减少量或者侵权复制品销售量与权利人发行该复制品单位利润乘积计算。发行减少量难以确定的，按照侵权复制品市场销售量确定。

《解释》第 25 条规定，权利人的实际损失或者侵权人的违法所得无法确定的，人民法院根据当事人的请求或者依职权适用《著作权法》第 49 条规定确定赔偿数额。人民法院在确定赔偿数额时，应当考虑作品类型、合理使用费、侵权行为性质、后果等情节综合确定。当事人就赔偿数额达成协议的，应当准许。

在《著作权法》和《解释》的基础上，北京和广东分别出台了《北京市高级人民法院关于确定著作权侵权损害赔偿责任的指导意见》和《广东省高级人民法院关于审理侵害影视和音乐作品著作权纠纷案件若干问题的办案指引》，对数额计算进行了一些细化。其中，北京的规定对不同类型的作品给出了相应的计算方式，对

"实际损失""法定赔偿""合理开支""精神损害赔偿"等作出了进一步解释,并指出通常需要考虑以下因素:

(1)作品的知名度及侵权期间的市场影响力;

(2)作者的知名度;

(3)被告的过错程度;

(4)作品创作难度及投入的创作成本。

▶104 什么情况下会承担著作权侵权的行政责任?

根据《著作权法》第48条,该条规定的著作权侵权行为不仅侵害了作者的民事权利,也侵害了社会的公共利益。此时,行为人不仅要承担民事责任,还要接受行政机关的行政处罚。该条囊括了以下行为:

(1)未经著作权人许可,复制、发行、表演、放映、广播、汇编、通过信息网络向公众传播其作品;

(2)出版他人享有专有出版权的图书;

(3)未经表演者许可,复制、发行录有其表演的录音录像制品,或者通过信息网络向公众传播其表演;

(4)未经录音录像制作者许可,复制、发行、通过信息网络向公众传播其制作的录音录像制品的;

(5)未经许可,播放或者复制广播、电视;

(6)未经著作权人或者与著作权有关的权利人许可,故意避开或者破坏权利人为其作品、录音录像制品等采取的保护著作权或者与著作权有关的权利的技术措施;

(7)未经著作权人或者与著作权有关的权利人许可,故意删除或者改变作品、录音录像制品等的权利管理电子信息;

(8)制作、出售假冒他人署名的作品。

对上述行为的行政处罚措施有:(1)没收非法所得;(2)没

收、销毁侵权复制品；(3)罚款；(4)没收主要用于制作侵权复制品的材料、工具、设备等。

需要注意的是，侵犯著作权需要承担的民事责任和行政责任互不干预，承担了行政责任并不免除民事责任，反之亦然。

▶105 著作权侵权的刑事责任有哪些？

严重的侵犯著作权的行为可能构成犯罪，但我国《刑法》上目前只有"侵犯著作权罪"和"销售侵权复制品罪"两个罪名约束侵犯著作权的行为。

根据《刑法》及相关司法解释，"侵犯著作权罪"是指以营利为目的，未经著作权人许可复制发行其文字、音像、计算机软件等作品，出版他人享有独占出版权的图书，未经制作者许可复制发行其制作的音像制品，制作、展览假冒他人署名的美术作品，违法所得数额较大或者有其他严重情节的行为。有上述行为，数额较大或有其他严重情节者将被处以 3 年以下有期徒刑或者拘役，并处或者单处罚金；数额巨大或有其他特别严重情节者，将被处 3 年以上 7 年以下有期徒刑，并处罚金。其中，"数额较大"指违法所得超过 3 万元人民币，"情节严重"指违法所得超过 5 万元人民币或侵权复制件数量合计超过 500 份，"数额巨大"指违法所得超过 15 万元人民币，"特别严重情节"指违法所得超过 25 万元人民币或侵权复制件数量合计超过 2500 份。

"销售侵权复制品罪"是指以营利为目的，销售明知是侵犯他人著作权、专有出版权的文字作品、音乐、电影、电视、录像、计算机软件、图书及其他作品以及假冒他人署名的美术作品，违法所得数额巨大的行为。有上述行为，处 3 年以下有期徒刑或者拘役，并处或者单处罚金。其中，"数额巨大"指违法所得超过 10 万元人民币。

106 著作权侵权诉讼的法院管辖规则是什么？

级别管辖：《最高人民法院关于审理著作权民事纠纷案件适用法律若干问题的解释》第 2 条规定，著作权民事纠纷案件，由中级以上人民法院管辖。各高级人民法院根据本辖区的实际情况，可以确定若干基层人民法院管辖第一审著作权民事纠纷案件。《北京市高级人民法院关于北京市基层人民法院知识产权民事案件管辖调整的规定》中对基层人民法院管辖权的规定如下：

第一条 自 2016 年 1 月 1 日起，按照《最高人民法院关于同意北京市高级人民法院调整北京市基层人民法院知识产权案件管辖权的批复》，对北京市基层人民法院知识产权民事案件的管辖进行如下调整：

（一）北京市东城区人民法院管辖本辖区并跨区域管辖北京市通州区、顺义区、怀柔区、平谷区、密云区人民法院辖区内的第一审知识产权民事案件；

（二）北京市西城区人民法院管辖本辖区并跨区域管辖北京市大兴区人民法院辖区内的第一审知识产权民事案件；

（三）北京市丰台区人民法院管辖本辖区并跨区域管辖北京市房山区人民法院辖区内的第一审知识产权民事案件；

（四）北京市石景山区人民法院管辖本辖区并跨区域管辖北京市门头沟区、昌平区、延庆区人民法院辖区内的第一审知识产权民事案件。

第二条 北京市朝阳区人民法院、北京市海淀区人民法院第一审知识产权民事案件的管辖不做调整，仍继续审理本辖区内的第一审知识产权民事案件。

地域管辖：第一审管辖法院可以是侵权行为发生地法院、侵权人所在地或者营业所所在地法院。当事人同时向一个以上法院起诉的，由先受理的法院进行审理。《最高人民法院关于审理著作权民事纠纷案件适用法律若干问题的解释》第 4 条规定，因侵犯著作权行为提起的民事诉讼，由《著作权法》第 46 条、第 47 条所规定侵权行为的实施地、侵权复制品储藏地或者查封扣押地、被告住所地人民法院管辖。侵权复制品储藏地，是指大量或者经营性储存、隐匿侵权复制品所在地；查封扣押地，是指海关、版权、工商等行政机关依法查封、扣押侵权复制品所在地。

上诉案件的管辖：根据《最高人民法院关于北京、上海、广州知识产权法院案件管辖的规定》，当事人对知识产权法院所在市的基层人民法院作出的第一审著作权判决、裁定提起的上诉案件，由知识产权法院审理。

▶107 主张著作权侵权的诉讼时效如何计算？

根据我国《最高人民法院关于审理著作权民事纠纷案件适用法律若干问题的解释》第 28 条的规定，侵犯著作权的诉讼时效为两年，自著作权人知道或者应当知道侵权行为之日起计算。权利人超过两年起诉的，如果侵权行为在起诉时仍在持续，在该著作权保护期内，人民法院应当判决被告停止侵权行为；侵权损害赔偿数额应当自权利人向人民法院起诉之日起向前推算两年计算。

▶108 著作权侵权诉讼中的保全措施有哪些？

著作权被侵权人可以申请的保全措施包括临时禁令、证据保全和财产保全。申请可在起诉前、起诉时或诉讼中提出。下面介绍三类常用措施。

（1）诉前临时禁令。如果著作权人有证据证明他人正在实施或者即将实施侵权行为，且不及时制止将会使其合法权益受到难以弥补的损害的，则著作权人可在起诉前请求有管辖权的人民法院责令有关当事人暂时停止正在实施或者即将实施的行为。此种封停即为禁令，但具有临时性；嗣后，法院将决断是否将临时禁令延续为永久禁令。《著作权法》第 50 条赋予了著作权人或者与著作权有关的权利人申请诉前临时禁令的权利。

（2）诉前财产保全。财产保全是指人民法院作出裁定，对一方当事人的财产采取查封、扣押、冻结等保全措施，防止该当事人转移、处分被保全的财产，以保证将来生效判决的顺利执行。发生在诉前的财产保全即为诉前财产保全。《著作权法》第 50 条赋予了著作权人或者与著作权有关的权利人申请诉前财产保全的权利。

（3）证据保全。无论在起诉前、起诉时还是诉讼过程中，都存在着证据灭失或嗣后难以取得的风险。就此，我国《民事诉讼法》第 81 条第 1 款规定，在证据可能灭失或者以后难以取得的情况下，当事人可以在诉讼过程中向人民法院申请保全证据，人民法院也可以主动采取保全措施。我国《著作权法》第 51 条也做出了类似规定。

▶109　如何申请证据保全？

《著作权法》第 51 条规定："为制止侵权行为，在证据可能灭失或者以后难以取得的情况下，著作权人或者与著作权有关的权利人可以在起诉前向人民法院申请保全证据。人民法院接受申请后，必须在 48 小时内作出裁定；裁定采取保全措施的，应当立即开始执行。人民法院可以责令申请人提供担保，申请人不提供担保的，驳回申请。申请人在人民法院采取保全措施后 15 日内不起诉的，人民法院应当解除保全措施。"

申请证据保全，应当具备下列条件：

（1）保全的证据必须与案件有关联，即该证据能够作为证明双方当事人之间民事关系发生、变更或消灭的根据。

（2）证据可能灭失或以后难以取得。

（3）在诉前或者诉中提出书面申请。

（4）保全证据可能导致被申请人财产损失的，人民法院可以责令申请人提供相应的担保。

申请证据保全，应提交以下材料：

（1）申请书。申请书应当载明：当事人及其基本情况；申请保全证据的具体内容、范围、所在地点；请求保全的证据能够证明的对象；申请理由，包括证据可能灭失或者以后难以取得，且当事人及其诉讼代理人因客观原因不能自行收集的具体说明。

（2）证明当事人之间存在申请人主张的民事关系（如被申请人实施了侵权行为）的初步证据。

（3）人民法院责令申请人提供相应的担保的，申请人应当提供有效的担保手续。

▶110 如何申请诉前禁令？

根据《最高人民法院关于审理著作权民事纠纷案件适用法律若干问题的解释》第30条，在著作权案件中采取诉前临时措施，参照适用《最高人民法院关于诉前停止侵犯注册商标专用权行为和保全证据适用法律问题的解释》的规定。据此，诉前责令停止侵犯著作权行为或者保全证据的申请，应当向侵权行为地或者被申请人住所地对著作权案件有管辖权的人民法院提出。

申请诉前禁令，应当递交书面申请状。申请状应当载明：

（1）当事人及其基本情况；

（2）申请的具体内容、范围；

（3）申请的理由，包括有关行为如不及时制止，将会使著作权人或者利害关系人的合法权益受到难以弥补的损害的具体说明。

申请诉前禁令，应当提交证明著作权归属的证据，如著作权登记证书，和证明被申请人正在实施或者即将实施侵犯著作权的行为的证据。

申请诉前禁令，应当提供担保。申请人申请诉前保全证据可能涉及被申请人财产损失的，人民法院可以责令申请人提供相应的担保。

▶111 诉讼之外有没有其他解决争议的途径？

磋商、调解、仲裁。

《著作权法》第55条："著作权纠纷可以调解，也可以根据当事人达成的书面仲裁协议或者著作权合同中的仲裁条款，向仲裁机构申请仲裁。当事人没有书面仲裁协议，也没有在著作权合同中订立仲裁条款的，可以直接向人民法院起诉。"

可见，在发生著作权纠纷时，当事人可以先尝试通过调解、磋商的方式解决争议，或根据仲裁协议或仲裁条款提请仲裁。较之诉讼，这些途径程序便捷、成本低廉，因此建议将诉讼作为最后手段。

▶112 提出上诉有什么程序规定？

我国《民事诉讼法》第164条至166条规定了当事人提起上诉的条件和方式。当事人不服地方人民法院第一审判决的，有权在判决书送达之日起15日内向上一级人民法院提起上诉。当事人不服地方人民法院第一审裁定的，有权在裁定书送达之日起10日内向上一级人民法院提起上诉。

上诉应当递交上诉状。上诉状的内容，应当包括当事人的姓名，法人的名称及其法定代表人的姓名或者其他组织的名称及其主要负责人的姓名；原审人民法院名称、案件的编号和案由；上诉的请求和理由。

上诉方式分两种：通过原审人民法院提出和直接向第二审人民法院上诉。原则上，上诉状应当通过原审人民法院提出，并按照对方当事人或者代表人的人数提出副本。这种方式便于当事人行使上诉权，也便于案件得到及时解决，是提起上诉的主要方式。当事人如果心存疑虑或者有其他原因不愿将上诉状提交一审人民法院，可以直接向第二审人民法院提交，这是从保护当事人的上诉权出发作出的例外规定。二审人民法院接到上诉状后，将于5日内发交原审人民法院，因为原审人民法院还要审查是否超过法定上诉期限、上诉状的内容是否欠缺等事项，并负责向被上诉人送达副本等工作。

▶113 如何申请财产保全？

根据《民事诉讼法》相关规定，财产保全申请可以在提起诉讼或者申请仲裁前向被保全财产所在地、被申请人住所地或者对案件有管辖权的人民法院提出。申请人应当提供担保，不提供担保的，裁定驳回申请。

申请财产保全，应当提交以下材料：

（1）申请书。申请书应当载明：当事人及其基本情况；申请财产保全的具体数额；申请采取财产保全措施的方式；申请理由。

（2）被申请人的明确地址或住所地，以及被申请人的开户银行及账号等财产线索。

（3）有效的担保手续。采用现金担保的，应当提供与请求范围价值相当的现金。采用实物担保的，应当提供与请求范围价值相当的动产或不动产。担保人应提交用作担保的实物的购买发票、产权证等证明该实物所有权的材料。在担保期间,用作担保的实物仍可由担保人继续使用,但担保人必须书面向人民法院保证,在保全期间,对用作担保的实物,不转移、变卖、毁损、丢失,否则承担相应的法律责任。采用保证人担保的,应当向人民法院提交担保书、营业执照副本的复印件、资产负债表、损益表,并应加盖保证人的单位公章。担保书中应明确担保事项和担保金额。

▶114 与律师签订代理协议时需要注意什么?

第一,核查律师、律师事务所的资质和经验。委托律师代理著作权侵权诉讼,可以选择一家对于著作权业务较为熟悉的专业律师事务所及专业律师。同时,要全面了解律师事务所及承办律师的从业资质、服务标准、联系方式等基本信息。查验承办律师的"律师执业证"及其所在律师事务所的"律师事务所执业许可证"。

第二,签署恰当的代理协议。一份完备的委托代理协议通常须包括:委托事项,授权范围和内容,双方义务、律师工作方式、费用和支付方式,双方的违约责任,解除合同的条件和后果承担,双方发生争议的解决方法等方面。要注意,应避免在任何实质问题上出现模糊不清的措辞。如果聘请律师为委托代理人,则要和律师所在的律师事务所签订委托代理协议,律师个人不得私自接受聘请和自行收取费用。

第三,注意代理范围是一般代理还是特别代理。签订委托代理合同时,应注意区分对于律师的委托为一般代理还是特别代理。一般代理指在诉讼程序问题上的代理,如调查提供有关证据,代为起诉、应诉、参加法庭辩论,代为陈述以及发表法律意见等等。律师的代理权限是参加诉讼活动，不对当事人在案件中的实体权利作出明确的表态，因而不需要委托人对代理律师特别授权。而特别代理意指律师除享有一般代理的权利外，还可以代当事人处分实体权利和义务的诉讼代理行为。如代为承认、放弃、变更诉讼请求、进行和解以及提起反诉或上诉等。这些都需要被代理人的特别授权，其法律后果由被代理人承担。

第四，出具授权委托书。委托他人代为诉讼，必须向法院提交由委托人签名或盖章的授权委托书。如果变更或者解除诉讼代理人的权限，也应当书面告知法院，并由人民法院通知对方当事人。

第五，注意费用。在支付费用方面，委托人须按照委托协议约定的数额支付律师服务费。除另有约定外，下列费用由委托人另行支付：

（1）司法机关、行政机关、仲裁机构、鉴定机构、公证机关等部门收取的费用；

（2）合理的差旅费；

（3）为办理委托事项支付的查询费；

（4）经委托人同意支付的卖家论证费、翻译费；

（5）经委托人同意支付的其他费用。

第六，留存凭据。交纳律师服务费等费用时，应向律师事务所索要正式的收费发票。如果发生律师或律师事务所私收费的情况，要及时提出疑义。如果在委托过程中与律师或律师事务所发生矛盾，应该尽量本着化解矛盾、完成委托事项的原则与律师事务所和律师协商解决，如果确实协商不成，可向当地律师协会或司法行政机关寻求帮助。

▶115 判决书何时生效？

视情况而定。

（1）最高人民法院作出的判决，一经宣判即发生法律效力。最高人民法院无论作为第一审人民法院，还是作为第二审人民法院，其作出的判决都是终审的判决。

（2）各级人民法院适用第二审程序作出的判决，一经宣判即发生法律效力。

（3）实行一审终审不准上诉的判决，一经宣告即发生法律效力。依法不准上诉的判决包括：确认调解协议案件，实现担保物权案件。

（4）实行两审终审的案件，适用第一审程序作出的判决，当事人在收到判决书后的15日内未提出上诉，又无延长期限的正当理由的，该判决即发生法律效力。

其中第（2）、（4）类情况更可能发生在普通的著作权诉讼中。

▶116 诉讼费、律师费是由败诉方承担吗？

诉讼费一般由败诉方承担，但有例外。律师费由败诉方承担。

诉讼费：根据《民事诉讼法》第118条，除非申请迟交、缓交或免交，原告需要先行支付诉讼费。一般而言，著作权侵权诉讼的原告会将由被告方承担本次诉讼的诉讼费纳入到诉讼请求中。如果法院判决原告胜诉，则其全部诉讼请求得到支持，被告方自然承担诉讼费；如果原告败诉，法院不支持原告方诉讼请求，由于原告方在起诉时已支付诉讼费，相当于原告承担诉讼费。因此，在上述情况中，相当于败诉方承担了诉讼费。但若原告未将诉讼费的承担列入诉讼请求中，或法官判决按比例承担该笔费用,则诉讼费由败诉方承担的说法则是不准确的。

律师费:我国《著作权法》第49条第1款规定:"侵犯著作权或者与著作权有关的权利的,侵权人应当按照权利人的实际损失给予赔偿;实际损失难以计算的,可以按照侵权人的违法所得给予赔偿。赔偿数额还应当包括权利人为制止侵权行为所支付的合理开支。"《最高人民法院关于审理著作权民事纠纷案件适用若干问题的解释》第26条的规定:"著作权法第48条第1款规定的制止侵权行为所支付的合理开支,包括权利人或者委托代理人对侵权行为进行调查、取证的合理费用。人民法院根据当事人的诉讼请求和具体案情,可以将符合国家有关部门规定的诉讼费用计算在赔偿范围内。"可见,司法解释将律师费纳入到了"实际损失"的范畴中。一旦法院判定侵权行为成立,败诉方被告将承担律师费;若法院判定侵权不成立,则原告败诉,自然也只能自担律师费。

根据《律师服务收费管理办法》,诉讼案件中,律师费按照当地政府制定的政府指导价和浮动范围确定。《北京市律师诉讼代理服务收费政府指导价标准(试行)》中规定的收费标准如下:

(一)民事诉讼案件按审判阶段确定收费标准。

1. 计件收费标准。

每件收费3000—10000元。

2. 按标的额比例收费标准。

10万元以下(含10万元),10%(最低收费3000元);

10万元至100万元(含100万元),6%;

100万元至1000万元(含1000万元),4%;

1000万元以上,2%。

按当事人争议标的额差额累进计费。

3. 上述收费标准下浮不限。

(二)实行风险代理收费,最高收费金额不得高于与委托人约定的财产利益的 30%。

（三）再审、申诉案件分别按照一个审判阶段确定的收费方式和收费标准收取律师服务费。

（四）一个律师事务所代理一个案件的多个阶段，自第二阶段起酌减收费。

JINGXUAN ANLI 精选案例

一 文学作品

1. 执笔人不一定享有版权：溥仪自传《我的前半生》合作作品定性纠纷案

案件简述

溥仪在东北抚顺战犯管理所时，由其口述、他人执笔，写了一份题为《我的前半生》的自传体悔罪材料。1960年，群众出版社将此材料少量印刷成册，供参阅。有关领导阅后即要求有关部门派人帮助整理该材料并予出版。

有关部门、群众出版社在征得溥仪的同意后，指定当时在群众出版社工作的李文达与溥仪一起对该材料进行整理、修改。在领导安排下，李文达前往抚顺实地调查，澄清了一些讹误的历史事实。之后，群众出版社的几位编委召开《我的前半生》修改情况汇报会，李文达汇报了修改计划和该书应反映的主题思想。最后，会议对该书的主题、叙述的形式、对溥仪思想性格的反映、强调内容的真实性等方面提出了重要的意见。

此后，溥仪与李文达开始在新的主题思想指导下重新撰写，经二人密切配合，1962年初完成了初稿，后二人在广泛征求领导和清史专家意见的基础上又几次修改。1964年，该书正式出版，书名仍为《我的前半生》，署名：溥仪。

李文达的子女认为《我的前半生》属于合作作品，作为李文达的继承人，他们应享有著作权。溥仪后人李淑贤则认为自传著作权只属于溥仪。

案件评析与启示

■ 裁判要旨

• 合作作品的认定,要看合作各方是否都有合作创作并共享著作权的意思。

• 单纯接受单位指示协助口述人创作自传的人,不属于合作作者。不受单位控制的自由作家更有可能被认定为合作作者。

• 为避免争议,可在自传创作协议中明确约定执笔人或协助人是否属于合作作者。

《我的前半生》一书从修改到出版的整个过程都是在有关部门的组织下进行的。李文达是由组织指派帮助溥仪修改出书。因此,法院认为,李文达与溥仪不存在合作创作的事实。这实际上是推定了李文达在帮助溥仪时并没有合作创作的意图,也没有从自传成书中"分一杯羹"的意思。这一推定之所以合理,一是因为李文达、溥仪之间没有明确书面合同,二是因为新中国成立初期劳动者商业意识比较淡薄,三是因为供职于群众出版社的李文达确实是在做自己的本职工作。但需要注意的是,法院认为李文达缺少合作创作并分享版权的意图的直接理由仅仅是"李文达接受单位命令而帮助溥仪"而已,这说明不受单位聘用的自由作家更有可能被认定为合作作者。

法院进而认为,《我的前半生》一书既是由溥仪署名,又是溥仪以第一人称叙述亲身经历为内容的自传体文学作品;该书的形式及内容均与溥仪个人身份联系在一起,它反映了溥仪思想改造的过程和成果,体现了溥仪的个人意志;该书的舆论评价和社会责任也由其个人承担;因此,根据该书写作的具体背景和有关情况,溥仪应是《我的前半生》一书的唯一作者。

2 多处雷同，绝非偶然：《圈里圈外》与《梦里花落知多少》抄袭纠纷案

案件简述

2003年2月，庄羽出版小说《圈里圈外》。《圈里圈外》以主人公初晓与现男朋友高源及前男朋友张小北的感情经历为主线，在描写初晓与高源之间的爱情生活及矛盾冲突的同时，描写了初晓与张小北之间的感情纠葛，同时还描写了初晓的朋友李穿与张小北的婚姻生活以及张小北与情人张萌萌的婚外情，高源与张萌萌的两性关系及合作拍戏等。

2003年11月，郭敬明出版《梦里花落知多少》一书。《梦里花落知多少》以主人公林岚与现男朋友陆叙及前男朋友顾小北的感情经历为主线，在描写林岚与陆叙的爱情生活及矛盾冲突的同时，交替描写了林岚与顾小北的感情纠葛，顾小北与现女友姚姗姗的感情经历，林岚、闻婧、微微及火柴之间的友情以及她们和李茉莉的冲突等。

庄羽发现《梦里花落知多少》一书抄袭了自己的小说《圈里圈外》的主要线索、大部分情节，甚至还照搬了《圈里圈外》的片断以及能够表达作品内容的部分语句等。因此向法院提起诉讼，状告郭敬明侵权。最终法院认定郭敬明的《梦里花落知多少》存在多处主要情节、一般情节、语句侵权的事实。

案件评析与启示

■ **裁判要旨**

• 从构成相似的主要情节和一般情节、语句来看,若其数量已经远远超出了可以用"巧合"来解释的程度,再结合被控侵权作品作者接触过原作品的事实,则可认定构成抄袭。

语句侵权该如何认定?在创作过程中,作者免不了会使用一般作品中的常见描写,这样是否会有被认为是语句侵权的风险?

鉴定语句侵权应当与语句所描写的情节一起进行整体认定和综合判断。对于一些不是明显相似或者来源于生活中的一些素材,如果分别独立进行对比很难直接得出准确结论,但将这些情节和语句作为整体进行对比就会发现,具体情节和语句的相同或近似是整体抄袭的体现,具体情节和语句的抄袭可以相互之间得到印证。

例如,《圈里圈外》中有主人公初晓的一段心理活动:"(高源)一共就那一套一万多块钱的好衣服还想穿出来显摆,有本事你吃饭别往裤子上掉啊"(见原作第79页)。这一情节取自生活中常见的往衣服上掉菜汤的素材,同时加上了往高档服装上掉菜汤的元素,因此使其原创性有所提高。而相应的,在《梦里花落知多少》中,也有主人公林岚的一段心理活动:"我看见他那套几万块的Armani心里在笑,有种你等会儿别往上滴菜汤"(见原作第38页)。显然,如果单独对这一情节和语句进行对比就认为构成剽窃,对被控侵权人是不公平的。但如果在两部作品中相似的情节和语句普遍存在,则应当可以认定被控侵权的情节构成了抄袭。

如何判定两部作品中的一般情节和部分语句的雷同不是巧合而是刻意抄袭?

小说是典型的叙事性文学体裁，长篇小说又是小说中叙事性最强、叙事最复杂的一种类型。同时，文学创作是一种独立的智力创造过程，更离不开作者独特的生命体验。因此，即使以同一时代为背景，甚至以相同的题材、事件为创作对象，尽管两部作品中也可能出现个别情节和一些语句上的巧合，不同的作者创作的作品也不可能雷同。本案中，涉案两部作品都是以现实生活中青年人的感情纠葛为题材的长篇小说，从以上法院认定的构成相似的主要情节和一般情节、语句的数量来看，已经远远超出了可以用"巧合"来解释的程度，结合郭敬明在创作《梦里花落知多少》之前已经接触过《圈里圈外》的事实，应当可以推定《梦里花落知多少》中的这些情节和语句并非郭敬明独立创作的结果，其来源于庄羽的作品《圈里圈外》。

3 人物设置雷同不构成抄袭：《地下，地上》与《潜伏》抄袭纠纷案

案件简述

《潜伏》作者龙一（即李鹏）因《地下，地上》小说情节和人物与《潜伏》相似，将《地下，地上》的作者石钟山告上法庭。李鹏称《地下，地上》中"地下"部分无论是在故事结构、主要背景、人物关系，还是人物性格塑造上，均与《潜伏》存在相同或实质性相似，实际上是抄袭了《潜伏》中具有独创性的内容，侵犯其著作权。

被告石钟山辩称，在小说《潜伏》发表之前，他就已经创作完成了《地下，地上》。《地下，地上》是以解放战争时期真实背景作为依据，且以假夫妻名义打入敌人内部、为我党获取情报的真实

事例在当时可说是不胜枚举。故其认为不存在抄袭情形。

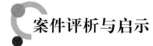 案件评析与启示

■ **裁判要旨**

• 判断抄袭时,"接触"这一必要条件并不要求原告证明被告确确实实接触过原作品。只要被告有接触到原作品的可能性即可。若原作品公开出版,则除非被告能证明自己创作早于原作品出版时间,否则一般会被认为有接触原作品的可能性。

• 具有新意、反传统套路的"反弹琵琶"式的人物关系设置仍然属于思想而不是表达,不受著作权法保护。

• 如果两部作品只有类似的人物关系和大致故事框架,但在情节发展的关键环节、情节推进的方式、各个情节之间的关系上存在差异,且在大量的情节描述、细节上存在显著区别,则不构成雷同。

判断抄袭时的所谓"接触",是指创作在前的作品可为公众获得,或由于其他原因,在后创作者有机会获得该作品。本案中,石钟山未能提供作品创作底稿、创作素材、出版合同、校样等证据材料证明其创作时间,因此不能排除其创作于小说《潜伏》公开出版之后。因此,法院对石钟山的主张未接触过《潜伏》不予采信。

判断抄袭的另一要素是实质相同或近似。根据我国《著作权法》规定,著作权法所保护的是思想或感情的表达。表达与思想不同,著作权法保护的不是作品体现的主题、思想、情感,而是相应的表达或表现形式。因此,要判断文学作品间的表达是否实质性相似,首先要区分作品的思想与表达,从而确定著作权法保

护的范围。

对于文学作品而言,"思想"与"表达"在很多情况下都处于混合状态,特别是人物、情节、场景这些创作元素,往往处于纯粹的思想与纯粹的表达之间。本案中,法院认为,判定文学作品创作元素的基本规则是:越抽象越接近于"思想",越富于独创性越接近于"表达"。虽然两部作品都采用了"军统局"作为故事发生的时代背景,但该要素属于公有领域的范畴,不为某个文学创作人员所独占,不属于著作权法所保护的范围。

本案中的独创性体现在哪?李鹏主张,《潜伏》的情节突破了军旅题材中关于夫妻关系和谐的格局,而是创造性地利用了夫妻关系不和谐的真实背景,塑造了《潜伏》这一故事。但法院认为,情节发展的基本脉络只有在表现出作者构思的独特个性时,才受到著作权法的保护。李鹏主张的上述情节架构,因为过于抽象,仍属于与创作主题相关的"思想"范畴,不能够受到我国《著作权法》的保护。

在人物关系上,涉案两部小说均表现了男、女主人公在追求共同目标的过程中,由于身份、性格、文化的差异不断引发矛盾和冲突的故事,两部小说的主要故事情节也都是以此为基础推进的。但是,两部作品不仅在情节发展的关键环节、情节推进的方式、各个情节之间的关系上存在差异,而且在大量的情节描述、细节上存在显著区别。且上述区别会使得读者对两部作品产生不同的欣赏体验。

鉴于两部作品都是解放战争时期的军旅题材小说,在角色描写和人物设置方面存在一定的近似之处,是难以避免的。法院虽然认定两部作品在人物性格、人物关系方面存在一定的近似,但上述近似之处缺乏个性化特征,难以脱离公有领域,因此仍不受到著作权法的保护。

因此,法院认为《地下,地上》与《潜伏》不构成实质性相似,

《地下，地上》作者并未侵犯《潜伏》作者的著作权，即《地下，地上》不构成对《潜伏》的抄袭。

4 篇章结构近似不构成抄袭：吴敬琏传记抄袭纠纷案

案件简述

原告柳某独立创作的《当代中国经济学家学术评论——吴敬琏》于2002年1月由陕西师范大学出版社公开出版发行。2010年2月，中信出版公司出版发行了由被告吴某署名的《吴敬琏传——一个中国经济学家的肖像》，全国各大书店及网络均有销售。

原告经过比对，认为被告图书剽窃了原告图书以及原告发表在《经济观察报》上的三篇文章，起诉至法院。经过比对，法院撇除了因传记自身性质而雷同的部分（篇章结构和少部分具体语言表达），认为相似之处所占比例不大，进而判原告败诉。

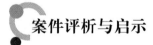 案件评析与启示

■ 裁判要旨

• 采用与他人相同的篇章结构，创作针对同一特定人物的传记类文学作品，并不侵犯著作权。

• 传记类文学作品具有其自身的特点，作者多以人物生平时间为顺序进行创作，针对同一特定人物的传记类文学作品，在篇章结构上难免会有所相似，不能仅以篇章结构与他人作品存在相似就认定作品存在抄袭。

• 著作权的保护范围仅限于作品的具体表达，而不

包括思想。文学作品的篇章结构，是作者的一种写作思路，实质上属于思想范畴，不属于著作权法的保护范围。

柳某图书和吴某图书均属于对于真实人物的写实类传记作品，按照时间顺序安排结构的写作思路本质上属于思想范畴，不应受到著作权法的保护。吴某图书中虽部分文字与柳某图书近似，但该近似内容或基于传主吴敬琏口述、文字修改，或来源于吴敬琏文章或经传主吴敬琏在修改稿上确认，或者有其他别的出处。除此之外，在表述内容上与柳某作品构成相同或近似的共计约1000字，在柳某图书和吴某图书中仅占很小的比例。

吴某创作其涉案图书时接触并参考了柳某作品。从更加规范和严谨的角度讲，吴某可以采用脚注的方式注明相关内容来自于柳某作品。但由于涉案图书系对于真实人物的写实类传记作品，而非科技作品或学术论文，且被上诉人吴某已在其涉案作品的《后记》中声明参考了柳某图书并致谢，所以法院判定被上诉人吴某的上述行为并不构成侵权。

二 美术作品

5. 细微之处见真章:"大黄鸭"在著作权法上的地位

案件简述

荷兰艺术家霍夫曼制作的"大黄鸭"在香港引起轰动后,内地各处的"山寨大黄鸭"也层出不穷。为在中国维权,被霍夫曼予以"大黄鸭"独家授权的两家公司聘请了律师。国内艺术界认为,由于"大黄鸭"脱胎于家喻户晓的玩具小黄鸭,其不具备独创性,无法受著作权法保护。而国内知识产权界却认为,"大黄鸭"的"放大"特征就体现了它的独创性,自其诞生之日起即享有版权保护。对"大黄鸭"是否受版权保护的争议由此展开。

案件评析与启示

■ 分析要旨

- "大黄鸭"可能被认定为《著作权法》规定的具有独创性的模型作品,即为展示、试验或观测等用途,而根据物体的形状和结构,按照一定比例制成的立体作品,受版权法保护,不可任意山寨。

本案虽未诉至法院,但已有司法界人士对此发表了看法。"大黄鸭"属于"美术作品"还是属于"模型作品"?就其外形而言,"大黄鸭"是一个疑似将"小黄鸭"等比例放大的巨型橡胶鸭子，可归类为模型作品。就其用途而言，它是一件经过处理并可放在室外陈列的立体展品，属于装置艺术的范畴，也可被归为美术作品。实际上，"大黄鸭"处于两类作品的重合范畴。

有法官在评论文章中认为，"大黄鸭"是霍夫曼出于展示的目的、根据小黄鸭的形状和结构、按照一定比例放大而制成的，符合我国法律对"模型作品"的界定。

根据《著作权法实施条例》第 4 条，模型作品的构成要件包括制作目的和制作方法。制作目的即"为展示、试验或观测等用途"而制成的"立体作品"；制作方法即"根据物体的形状和结构，按照一定比例制成"。其中，"大黄鸭"的制作目的十分明显，不必探究。

那么，"大黄鸭"的制作方法是否符合模型作品的定义？

模型作品的制作方法指模型制作者根据实物进行缩小、放大或按原尺寸制作模型的过程中，没有严格按照比例关系，而是人为地改变了点、线、面或几何结构，导致模型在内容上与原物存在显著差异，从而具有独创性。

本案中，"大黄鸭"并非简单放大版的小黄鸭，"大黄鸭"与"小黄鸭"之间的差异还是显而易见的。

大黄鸭（源自：www.cnsjw.cn）

小黄鸭（源自：haitaocheng.com）

对比图 1（源自：flickr.com）

对比图 2（源自：flickr.com）

首先，从细节而言，其一，是"大黄鸭"的双眼都通过高光、高亮而显得炯炯有神，而"小黄鸭"的双眼则是乌黑而具有喜剧色彩的。其二，"大黄鸭"的鸭嘴嘴角稍稍翘起，仿佛在微笑，而"小黄鸭"则是全部咧开作叫嚷状的。其次，从姿态而言，"大黄鸭"是俯视的，传递着友善的信号；而"小黄鸭"则是仰视的，显得十分天真可爱，让人忍俊不禁。最后，从线条比例而言，"大黄鸭"头和身的比例接近于1∶2，而"小黄鸭"则接近于1∶3，使得"大黄鸭"看上去敦厚老实，而"小黄鸭"则显得轻松活泼，充满童趣。

因此，"大黄鸭"是带有个人色彩的模型作品，其并非对"小黄鸭"的简单放大，而是传递了创作者的思想，富有独创性的，也因此应当享有版权保护。

6 买故事不等于买角色：《大头儿子》人物设计著作权归属与续集制作权纠纷案

案件简述

1994年，95版《大头儿子》动画片导演、制片、上海科影厂副厂长三人到刘某家中，委托其为即将拍摄的95版动画片创作人物形象。当时刘某作为上海美术电影制片厂工作人员，借调到上海科影厂工作。刘某当场用铅笔勾画了"大头儿子""小头爸爸""围裙妈妈"三个人物形象正面图，并将底稿交给了崔某。当时双方并未就该作品的著作权归属签署任何书面协议。

崔某将底稿带回后，95版动画片美术创作团队在刘某创作的人物概念设计图基础上，进行了进一步的设计和再创作，最终制作成了符合动画片标准造型的三个主要人物形象即"大头儿子"

"小头爸爸""围裙妈妈"的标准设计图以及之后的转面图、比例图等。刘某未再参与之后的创作。

95版动画片由中央电视台和东方电视台联合摄制,于1995年播出,在其片尾播放的演职人员列表中载明:"人物设计:刘某"。刘某后将大头儿子、小头爸爸、围裙妈妈的人物设计版权全部转让给大头儿子公司的股东。

2013年,央视制作、播放了《新大头儿子与小头爸爸》,却被大头儿子公司告上法庭,要求立刻停播新版动画。

法院判定央视侵权,但不强求央视将动画下架,而是转而要求央视支付高额的版权费用。

案件评析与启示

■ 裁判要旨

- 故事角色的造型如果足够独特,且到了能够脱离故事独立存在的程度(如米老鼠),那么这些人物设计可以单独受著作权法保护。

- 如有必要,影视作品制片方应当尽可能买断委托作品的版权。拥有作品的版权不意味着一定拥有其中人物形象的版权。相对地,作者们也应当留意自己的人物设计是否被买断了版权,如果是,则可以要求提高委托价格。

- 如果要求停止侵权会造成巨大的社会资源浪费,那么法院不会支持停止侵权的诉讼请求;为了公平,法院会要求侵权一方支付足额的赔偿。

《著作权法》第15条第2款规定:"电影作品和以类似摄制电影的方法创作的作品中的剧本、音乐等可以单独使用的作品的作者有权单独行使其著作权。"从动画片制作的规律来看,在分镜头绘制之前，需要进行人物设计，即创作若干相貌、身材、服饰等人物特征相对固定的动画角色形象，同时在此基础上形成转面图、动态图、表情图等。这些人物造型设计在之后的动画片分镜头制作中以一定的形象一以贯之地出现在各个场景画面中，即使动画角色在表情、动作、姿势等方面会发生各种变化，但均不会脱离其人物设计中具有显著性和可识别性的基本特征。因此，动画片的人物造型本身属于美术作品，其作者有权对自己创作的部分单独行使其著作权。

对于人物造型的独立版权，法院在"葫芦娃"案中的论述颇为精彩，值得一读：葫芦娃的人物设计独具特色、识别度强，可以单独受著作权法保护，而不是全面依附于动画电影的著作权。胡、吴二人首次以线条勾勒出"葫芦娃"的基本造型：四方的脸型体现出善良和正直，粗短的眉毛、长长的睫毛、明亮的大眼、小嘴红唇透露出孩童的天真与慧黠，粗壮有力的手部与腿部线条暗含蕴藏的无穷力量与本领；上装的坎肩与下装的短裤相配显得精干利落；头顶的葫芦冠饰衬以两片嫩叶，颈部的黑色项圈上点缀两片葫芦嫩叶，腰部的葫芦叶围裙清晰可见叶片的茎脉，既富有层次感又相互呼应，其巧妙地将葫芦与中国男童形象相融合，塑造出炯炯有神、孔武有力、天真可爱的"葫芦娃"角色造型，并以七色区分七兄弟，既表明兄弟的身份又以示区别，体现了作者的匠心独运与绘画技巧，其通过手工绘制而形成的视觉图像，结合线条、轮廓、服饰以及颜色的运用形成特定化、固定化的"葫芦娃"角色造型，已不再停留于抽象的概念或者思想，其所具有的审美意义、艺术性、独创性和可复制性，符合我国《著作权法》规定的作品的构成要件，应当受到我国《著作权法》的保护。

回到本案，刘某受委托后，独立创作完成了"大头儿子""小头爸爸""围裙妈妈"三幅美术作品，通过绘画以线条、造型的方式勾勒了具有个性化特征的人物形象，体现了刘某自身对人物画面设计的选择和判断，属于其独立完成的智力创造成果。无论是动画片导演，还是原小说的作者，均未对人物的平面造型进行过具体的描述、指导和参与。所以，应当认定刘某对其所创作的三人物概念设计图享有完整的著作权。

95版动画片是对刘某人物设计美术作品的演绎作品。95版动画片的片末署名认可了刘某的创作，表明央视也承认刘某对动画片人物造型的最终完成作出了独创性贡献。央视创作团队为了制作动画片需要所进行的修改、加工以及多视图的创作，但这并不足以改变刘某已创作完成的人物形象的个性化特征。央视创作团队在原作品基础上进行了艺术加工，构成了对原作品的演绎。

至于2013版动画片的人物形象，与95版动画片人物形象在整体人物造型、基本形态上构成实质性相似，2013版动画片的片头载明"原造型刘某"，亦说明其人物形象未脱离刘某创作的原作品，仍然属于对刘某创作的原作品的演绎作品。

本案中并没有证据证明前述人物设计属于职务作品。首先，当时刘某只是借调到上海科影厂，人事关系还在上海美术电影制片厂，而且他并非央视的职员。其次，委托刘某创作人物形象的并非95版动画的著作权人央视，而是三个自然人，且无证据证明这三人是央视的代理人，代表央视前去向刘某布置工作任务。从三人上门拜访的态度看，双方之间没有职务隶属关系。退一步讲，即便属于职务作品，也没有证据证明该作品是主要依赖单位物质技术条件创作的特殊职务作品，因此充其量是一般职务作品，著作权属于作者本人，单位只能在创作完成的两年内优先使用人物设计。因此，前述人物设计实质上是委托作品，在缺少书面协议的情况下，著作权属于受托人刘某。95版动画使用人物设计是经过刘某默许的，但是后续的利用需要经过刘某重新许可。由于刘某已经把版权全部卖给大头儿子公司，后续的授权应当与该公司商谈。

然而，大头儿子公司要求央视停播新版动画的要求未被支持。法院要求央视"提高赔偿额"，但不要求动画片下线。法院指出，"如果判决被告停止播放《新大头儿子和小头爸爸》……将会使一部优秀的作品成为历史，造成社会资源的巨大浪费……仅因其中的人物形象缺失原作者许可就判令停止整部动画片的播放，将使其他创作人员的劳动付诸东流，有违公平原则。"

7 仅完成本职工作不享有版权：葫芦娃人物设计著作权归属纠纷案

案件简述

1984年，上海美术电影制片厂（美影厂）文学组的杨玉良根据民间故事《七兄弟》，创作了《七兄弟》文学剧本大纲。1985年底，美影厂成立《七兄弟》影片摄制组，指派胡进庆等担任导演，胡进庆、吴云初担任造型设计。胡、吴二人绘制了"葫芦娃"角色造型稿。葫芦娃的人物设计后被美影厂用于著名剪纸动画《葫芦兄弟》和《葫芦小金刚》中。

胡、吴二人认为，葫芦娃的人物设计属于美术作品，先于电影而存在，可以独立于影片而由作者即二人享有著作权，因此请求法院确认《葫芦兄弟》及其续集《葫芦小金刚》中葫芦娃角色形象的著作权属于二人。

美影厂则认为胡、吴二人的主张不能成立。在当时的计划经济体制下，胡、吴二人是在单位的指挥和物质支持下完成任务，进而创作出葫芦娃的人物形象设计，没有和单位签署著作权归属方面的协议，因此葫芦娃的人物设计属于法人作品。

法院最终认定，虽然胡、吴二人设计的葫芦娃角色形象可以独立于动画电影单独受保护，但属于职务作品，根据当时的历史环境推定当事人的真实内心意思，除署名权之外的著作权均属于美影厂。

案件评析与启示

■ 裁判要旨

- 根据计划经济时代的共识以及双方间的实际安排，虽然没有著作权归属的书面协议，仍可以认定葫芦娃的人物设计属于职务作品，且作为职工的胡、吴二人只享有署名权。

法院认为，葫芦娃人物设计虽然接受了集体讨论意见，但仍然主要是胡、吴二人根据自由意志创作，因此并非体现法人意志、泯灭个人意志的法人作品。

但法院认为葫芦娃的人物设计属于职务作品。当时，我国尚未建立著作权法律制度，社会公众也缺乏著作权保护的法律意识。如证人证言所述，在当时，谈论权利问题是"很不光彩的事情"。这说明，就动画电影的创作而言，成果归属于单位而员工只拿报酬，是符合当时人们的普遍认知的。换言之，当时的计划经济体制之下，美影厂与员工之间形成事实上的特殊职务作品关系，员工对自己创作的角色不享有署名权之外的著作权。另外，在《葫芦兄弟》动画片拍摄过程中，美影厂曾明确要求创作人员不得对外投稿，而胡、吴二人并未对此提出异议，以实际行为遵守了美影厂的规定。这一事实表明，胡、吴二人认可美影厂有权对动画电影的角色形象造型进行支配。因此，从诚信的角度出发，二人不得在事后作出相反的意思表示，主张葫芦娃角色设计的著作权。

8 无"接触"证据时，实质相似只是巧合：薛华克与燕娅娅侵害著作权纠纷案

案件简述

2005年，薛华克和燕娅娅分别前往帕米尔高原，以当地居民为对象进行创作，并在当地相遇。之后，薛华克发现燕娅娅擅自将薛华克创作的摄影作品《无名（特征为戴戒指的老人）》（以下简称《老人》）演绎为油画作品《奶奶》并展览、出版。燕娅娅将上述油画作品均收录在其所著的书中。薛华克认为，燕娅娅未经许可对薛华克所创作的摄影作品进行演绎，并进行展览、出版，侵犯了薛华克对该作品享有的改编权。

诉讼中，燕娅娅称薛华克是由其带到居民家中，在人物摆好姿势后，其进行绘画的同时，薛华克进行了拍照。薛华克则提出是其先行拍摄的照片，燕娅娅看到照片后，向其索要并据此绘制油画，但双方均未就此提供相应证据。薛克华未能举出充分证据证明燕娅娅创作油画前接触过自己的作品，因此法院认定二人的摄影、油画作品相似是出于巧合，燕娅娅没有侵权。

奶奶　燕娅娅

薛华克　2005. 帕米尔

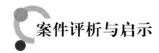

案件评析与启示

■ 裁判要旨

- 主张抄袭，只证明两作品实质相似是不够的，还必须举证证明他人创作侵权作品前已经接触过或有可能接触原作品。例如，要出示寄送照片的回执、邮件，或证明照片早已发表。否则法院只能认定相似纯属巧合。

本案的争议焦点问题为燕娅娅是否改编了薛华克拍摄的涉案摄影作品。

首先，需要解决的是燕娅娅在创作涉案油画之前是否曾接触过薛华克的涉案摄影作品的问题。薛华克对此负举证责任。但薛华克并未举证证明其曾向燕娅娅提供过涉案摄影作品，亦未举证证明涉案摄影作品在燕娅娅创作涉案油画之前曾发表。而且，燕娅娅已举证证明其曾为涉案油画中的模特作画，薛华克未能提出反证。由于薛华克举证不力，法院认定燕娅娅没有接触过薛华克的作品。

其次，需要探讨涉案油画与涉案摄影作品在内容上是否实质相似。摄影作品的独创性在于拍摄内容、拍摄时间及地点、镜头、位置与角度、光圈、速度、曝光时长等因素的选择，内容为真实人物的摄影作品的独创性还应包括对于模特的选择、模特姿态的安排及情绪的调动等。油画作品的独创性则在于绘画内容与绘画用品的选择、绘画技法的表现等方面，内容为真实人物的油画作品的独创性还应包括对于模特的选择、模特姿态的安排及情绪的调动等。对比涉案油画与涉案摄影作品，二者的内容为同一真实人物，表现的部位均为戴白色头巾人物的头部正面，均为戴戒指的左手托腮。

虽然油画与照片构成实质相似，但是，由于薛华克无法证明燕娅娅创作油画前接触过自己的作品,因此抄袭的主张不成立。

著作权法要求作品具有独创性,但对于偶然巧合导致的"撞车",则同时将著作权赋予多个独立创作者。在本案中,薛华克未能举证证明燕娅娅在创作涉案油画之前曾接触过涉案摄影作品,所以即便作品内容可以算是实质相似,法院也只能认为这是一桩巧合。

三　民间文艺与曲艺作品

9　戏种不是作品，戏目才是作品：贵州省安顺市文化和体育局与张艺谋等署名权纠纷上诉案

案件简述

安顺地戏是流行于我国贵州省安顺地区的一种地方戏剧，被列为国家级非物质文化遗产。电影《千里走单骑》的出品人为新画面公司，编剧、导演为张艺谋，制片为张伟平。影片中有戏剧表演，并配有画外音"这是中国云南面具戏"。

原告贵州省安顺市文化和体育局诉称：《千里走单骑》在拍摄时邀请了本地演员，表演了安顺地戏传统剧目中的《战潼关》和《千里走单骑》；该影片中的错误旁白将具有特殊地域性、表现唯一性的安顺地戏误称为"云南面具戏"，歪曲了安顺地戏这一非物质文化遗产和民间文学艺术，侵犯了安顺地戏的署名权，故将新画面公司、张艺谋、张伟平诉诸法院。

法院认为，安顺地戏既非署名权的权利主体（创作者），亦非署名权的权利客体（作品），所以《千里走单骑》中的错误旁白没有侵害安顺地戏的署名权，因为根本无权可侵。

案件评析与启示

■ **裁判要旨**

• 安顺地戏已被认定为国家级非物质文化遗产，作为安顺地戏的管理及保护机关，安顺市文化和体育局有资格代表安顺地区的人民就他人侵害安顺地戏的行为主张权利并提起诉讼。

• 张艺谋、张伟平非涉案电影的制片者，所以二人不是恰当的被告，只能起诉制片者新画面公司。

• 安顺地戏是具体作品的上位概念，囊括所有具体的安顺地戏剧目。安顺地戏既非署名权的权利主体（不是创作者），亦非署名权的权利客体（不是作品）。

• 民间文学艺术作品受著作权的保护，而不构成作品的民间文学艺术元素、非物质文化遗产的利益维护，则可适用《关于充分发挥知识产权审判职能作用推动社会主义文化大发展大繁荣和促进经济自主协调发展若干问题的意见》（下称《意见》）。

文化局和体育局可以作为本案原告吗？民间文学艺术没有确定的作者，但可确信是某个民族或某个地区的社会群体创作的。这种群体性造成了民间文学艺术作品在诉讼中主体的特殊性。通常认为，当该群体有自己的社区利益代表团体时，该团体是适格的维权主体。当此类代表团体缺失时，地方政府或相关文化行政主管单位，为保护群体公共利益，维护民间文学艺术，以自己的名义提起诉讼也具有正当性。《意见》中也明确提到："民间文学艺术作品可由产生和传承该作品的特定民族或者区域群体共同享有著作权，该特定民族或者区域的相关政府部门有权代表行使保护权利。"本案中，安顺市文化和体育局作为县级以上地方人民政府的文化主管部门，负责本行政区域内非物质文化遗产的保护、保存工作，因此其享有诉讼主体资格。

安顺地戏的署名权受到侵犯了吗？安顺地戏这一笼统概念无法作为作品受到著作权保护。安顺地戏是一个地方戏种，是一种戏剧类别的名称，不是具体思想的表达，也不是作品，而是一类作品的上位概念。既然不是作品，自然也无法对其署名。何况，电影旁白将其错称为"云南面具戏"也不属于署名行为，而是一种张冠李戴；比方说，把黄山毛峰称为安溪铁观音的行为，只是侵害商标权或违反原产地管理规定，和署名相去甚远。可见，本案实际争议不是署名（谁是作者），而是起源地。

民间文学艺术作品保护范围如何界定？民间文学艺术作品是一种具体表达，如具体的戏目，一首传统歌曲，一支完整的舞蹈等，而不包括这些具体作品的上位概念，如"安塞腰鼓""秦腔""凤阳花鼓"等。民间文学艺术元素也只是特定民间文学艺术的共有特征，属于公共领域的范畴。只有民间文学艺术作品才属于著作权的保护对象。

但是安顺地戏这一"非遗"并非完全不受法律保护。《意见》明确，利用非物质文化遗产应"坚持来源披露原则，利用非物质文化遗产应以适当方式说明信息来源"。据此，原告有权主张在电影中以适当方式表明安顺地戏的地理渊源。但是，本案的审理在《意见》出台之前，根据法不溯及既往的基本原则，《意见》对本案不能适用。

10 电视台的版权审查义务：孙耀诉中央电视台等著作权侵权纠纷案

案件简述

原告孙耀与李瑞根据民间口述，记录、整理鼓词《粘糕段儿》，发表于 1957 年第 3 期《曲艺》杂志上，署名为"阎老琴述；李瑞、孙耀整理"。中央电视台曾在不同节目中多次播出由不同表演者以河南坠子、曲艺小品、西河大鼓、小品等形式表演了原告所著的《粘糕段儿》。

2001 年 1 月 23 日，孙耀发现中央电视台农业频道播放的由农业影视中心录制的节目中再次使用了他的作品，主要内容与《粘糕段儿》一致，只不过在表演时稍加改动并将名称改为《偷年糕》。孙耀认为中央电视台、农业影视中心侵犯了自己的著作权，诉至法院。

案件评析与启示

■ 裁判要旨

- 根据民间艺人口述整理的鼓词为合作作品。虽该作品不可分割，但每个权利人均可主张自己享有的署名权、获得报酬权等。
- 电视台不能以自己只负责从技术上播出节目而推脱审查节目是否侵权的义务。
- 艺术家维权要尽量多地搜集、固定证据，例如侵权的次数、规模，因为这事关赔偿金的计算。

《曲艺》杂志刊登《粘糕段儿》时的署名为"阎老琴述；李瑞、

孙耀整理"。因此，法院认定该作品为合作作品，根据《著作权法》第13条，其著作权应由阎老琴、李瑞和孙耀共同享有。此作品不可分割，但每个权利人均可行使自己的著作权。

农业影视中心使用作品《粘糕段儿》制作节目，既未为孙耀署名，亦未向孙耀支付报酬，根据原《著作权法》的规定，其行为侵犯了孙耀的署名权、作品使用权和获得报酬权。中央电视台未尽审查义务，播放侵权节目，应与农业影视中心共同承担侵权责任。

被告中央电视台辩称，其只负责农业频道播出的节目的技术问题，对节目的内容其不应负责，且其和节目制作方没有共同的侵权故意。但法院依旧认为中央电视台未尽审查义务，可见司法系统对电视台的要求较高。

由于举证不完全，孙耀的赔偿主张没有全部获得支持。孙耀主张中央电视台曾多次播放侵权节目，但除二被告认可的2001年1月23日的播放及次日的重播外，孙耀未能提出相应证据证明中央电视台另有其他侵权行为，因此法院不再全额支持孙耀的赔偿15万元经济损失的诉讼请求。

11 公证在网络维权中的运用：奇志、大兵诉新浪案

案件简述

著名相声演员奇志和大兵创作并表演了《结巴子开会》《检查卫生》《洗脚城》《百家姓》等脍炙人口的相声、小品、双簧。他们发现，由上述作品改编成的Flash动画可在新浪网在线观看并点击下载，于是起诉新浪侵犯了他们的著作权（改编权、信息网络

传播权)及表演者权(信息网络传播权)。同时,涉案Flash动画画面粗糙,声音与画面脱节,除了搞笑并无美感,因此奇志和大兵还起诉新浪侵犯保护作品完整权。奇志和大兵还要求新浪支付合理维权费用。

案件评析与启示

■ 裁判要旨

• 本案中,奇志、大兵在公证处电脑上下载了侵权Flash动画并将过程予以公证,该经公证的网页证据对新浪十分不利。

• 网络服务提供商若是自行审核并发布、转载内容,则不能将侵权行为归咎于用户,而应自行承担侵权责任。本案中,法院认定新浪应当自行承担责任,因为"涉案Flash存储于新浪网站科技时代栏目,从下载路径所显示的网页看,并无允许网络用户自行上传的区域或版块,页面内容仅由新浪公司上传并编辑,以供用户点击浏览或下载。新浪公司系该作品传播和下载的提供者。浏览与下载均有数量统计,页面置有广告,并非用于个人交流目的"。

• Flash动画虽然制作简陋,但这主要是因为制作者水平有限;且夸张的动画形象和演出效果与相声的诙谐特点是相符的,新浪也是将Flash置于搞笑板块,因此未侵犯保护作品完整权。更何况新浪只是传播者,无证据证明新浪参与了改编。

• 奇志和大兵的维权成本未能全部回收,因为他们未能提供发票原件。

本案原告奇志和大兵是知名相声艺术家。相声作品属于我国的传统曲艺作品,双簧系相声的一个分支,表演者的表演为动作、表情的表演与口头表达相结合,并常通过结合的一致性产生奇特的艺术效果或通过结合的分离性产生诙谐的艺术效果。

奇志和大兵是相声作品的作者、著作权人,同时也因表演相声而享有表演者权。新浪所传播的Flash动画采用了二人表演的原音轨,字幕与原表演一致,但画面是利用电脑技术重新绘制的。这些Flash动画属于原相声作品的改编作品,且原封不动地复制了奇志和大兵的表演(虽然只是音轨)。

根据《著作权法》,新浪在自己的网站上传播根据奇志和大兵的相声改编的Flash动画,需要经过改编作者(Flash制作者)和原作者(奇志和大兵)的双重许可。新浪未经许可传播Flash动画,侵犯了奇志和大兵的信息网络传播权。此外,Flash动画包含原表演的音轨,因此也侵犯了奇志和大兵作为表演者对自己的表演享有的信息网络传播权。但是奇志和大兵的证据只能证明新浪传播Flash动画,而不能证明新浪制作了它们,因此法院认定改编权未受新浪侵犯。

Flash动画制作粗劣,音画不同步,且人物的卡通形象夸张、丑陋,甚至将场景替换成厕所门口。但动画这一载体本身就具有夸张特点,且相声这一表演形式本身就具有戏谑、调侃、搞笑的核心要素,新浪将Flash动画安排在搞笑栏目更印证了这一点。何况,奇志和大兵的证据只能证明新浪传播Flash动画,而不能证明新浪制作了它们并在改编过程中故意丑化。因此,法院认定保护作品完整权未受新浪侵犯。

新浪的核心抗辩是:Flash动画是用户上传的,自己在被诉后及时删除了Flash动画,应当免责。法院根据以下理由驳回新浪的抗辩:

第一,新浪早在被诉前就接到过律师函,但未采取行动,可见其知情但故意不作为。

第二，根据奇志和大兵公证的网页证据，Flash 动画的下载页面并无允许网络用户自行上传的区域或版块，浏览与下载均有数量统计，页面置有广告。

法院进而认定，网页内容仅由新浪上传并编辑，以供用户点击浏览或下载，并非用于个人交流目的，所以是新浪而非其用户是 Flash 动画传播和下载的提供者。

计算赔偿金额时，由于实际损失和违法所得难以计算，法院计算金额时考虑了用户下载的持续时间、用户下载次数、侵权作品对原作品使用的影响等情节。

需要注意的是，奇志和大兵花费的维权费用未能全部从新浪收回，因为主张的部分金额缺少发票原件的支持。

四 音乐作品

12 司法实践中的不计琐细原则：《命运的承诺》《激情燃烧的岁月》背景音乐侵权案

案件简述

《命运的承诺》案：中国音乐著作权协会发现，被告福建周末电视公司和被告福建电视剧中心在其联合摄制的 22 集电视连续剧《命运的承诺》中，使用了协会会员享有著作权的《青藏高原》《我热恋的故乡》《辣妹子》及《一无所有》共 4 首音乐作品，但未征得许可。法院认为，被告擅自使用《青藏高原》《我热恋的故乡》及《辣妹子》构成侵权，但擅自使用《一无所有》不构成侵权，因为"使用仅有短短的 7 秒钟"，情节显著轻微。

《激情燃烧的岁月》案：中国音乐著作权协会是本案原告，对涉案歌曲享有著作权；被告在自己制作的电视剧中擅自使用了一些歌曲。其中：在该剧第 13 集中出现了长度为 17 秒的演员演唱的《北风吹》，长度为 17 秒的演员演唱的《学习雷锋好榜样》；第 14 集中出现了长度为 8 秒的演员演唱的《敖包相会》；第 21 集中出现了长度为 6 秒的演员演唱的《洪湖水，浪打浪》；第 20 集中出现了长度为 10 秒的演员演唱的《洪湖水，浪打浪》，长度为 1 分 5 秒的演员演唱的《洪湖水，浪打浪》。法院认为，被告仅使用了这些作品的几个小节或几句歌词，尽管个别音乐作品使用时间较长，但均未完整地使用整段歌词或乐谱，应当属于合理使用。但是，对其他几首使用时间较长（超过半分钟）的歌曲，法院认为被告构成侵权。

案件评析与启示

■ 裁判要旨

- 歌曲版权人向影视制作人维权时，如果自己的作品只被使用了一小段、几秒钟，则可能无法维权。这实质上是法院在实务中运用了"不计琐细原则"，将短时间的使用视为合理使用。

- 既然最终落脚点是合理使用，那么为了增加维权成功的概率，歌曲版权人应当尽量搜集歌曲被较长时间使用的证据，并证明自己的利益受到实际损害。

出于节约司法资源、防止滥诉的考虑，法院在审理案件时会运用"不计琐细原则"。

《命运的承诺》案中，法院的理由如下："两被告在涉案电视剧中对该作品的使用仅有短短的7秒钟，且在剧中仅演唱了'我曾经问个不休，你何时跟我走'这一句歌词、弹奏相应的曲子，被告的使用行为对该作品的正常使用不产生任何实质不利影响，也未实质损害该作品权利人的合法权益，因此，两被告行为的情节显著轻微，故不构成侵权。"

《激情燃烧的岁月》案中，法院不计琐细的论述如下："使用音乐作品仅涉及作品的几个小节或几句歌词，未完整地使用整段歌词或乐谱的情况……被使用部分在整个音乐作品所占比例较小，没有实质性地再现作品的完整表达方式和作者表达出的思想内容及作者在乐曲方面的独特构思；使用的形式和内容非常有限，没有对音乐作品的市场价值造成不利的影响，也不会对音乐作品的发行传播构成威胁，即未对著作权人的利益构成实质损害，因此，这种方式的使用应当是合理使用他人作品，可以不经著作权人许可，不向其支付报酬，但应当指明作者姓名、作品名称。长安影视公司在制作《激》剧中使用《北风吹》《洪湖水，浪打浪》《学习雷锋好榜样》和《敖包相会》四首音乐作品中，仅涉及该作品的几个小节或几句歌词，尽管个别音乐作品使用时间较长，但均未完整地使用整段歌词或乐谱，应当属于合理使用。虽然长安影视公司均未给相关音乐作品的著作权人合理署名，存在过失，但此项权利并非音著协管理范围，故不属本案审理范围"。

可以发现，法院将短时间擅自使用歌曲的做法合理化的最终法律依据是合理使用制度。为了能够运用合理使用制度，必须要论证歌曲著作权人利益没有受损。换言之，"不计琐细"原则并不是绝对的，只要利益受损，歌曲著作权人依旧可能胜诉。

串烧须经授权：大张伟歌曲串烧争议

案件简述

9月6日下午，大张伟在微博上转发了自己在《盖世英雄》中串烧了20多首歌曲的视频，声称自己使用了"Candyman的结构编法"。舆论批评其涉嫌抄袭。

案件评析与启示

■ 分析要旨

• 以众多"爆款"歌曲汇集成一首新歌，旨在消费原来这些歌曲。这种使用方式属于著作权法意义上的"汇编"，应当获得原权利人的许可，否则侵犯复制权。

- 所谓"使用几秒并不侵权"的业界惯例是否存在尚存争议。单独使用一小段词或曲也许还能以"灵感重合"为理由抗辩，但是同时使用词曲使得这种巧合的可信度大幅下降。
- 大张伟连续、密集地使用若干歌曲的知名段落，搭便车意图明显。

大张伟的串烧歌曲需要得到哪些相关权利人的授权？答案是《我的滑板鞋》《老司机带带我》《自由飞翔》《一人饮酒醉》《江南皮革厂倒闭了》《过火》等这些歌曲的词曲作者。以众多"爆款"歌曲汇集成一首新歌，旨在消费原来这些歌曲。这种使用方式属于在著作权法意义上的"汇编"，应当获得原权利人的许可，否则构成侵犯复制权。

一首现代流行歌曲在法律上并不具备单一的"歌曲作品"的法律身份，而是分为如下三部分：词、曲、录音制品。也就是说，在著作权法上，一首歌存在三种权利人：词作者、曲作者还有录音制品制作者。歌词自身属于文字作品；大张伟串起来的这些歌的词本身是网络流行语，为人们所耳熟能详，处于公有领域；单独使用一小段此种性质的歌词，难说属于侵犯歌词这一文字作品的权利。曲子自身属于音乐作品，单纯使用曲子的一小段，也不一定构成侵权，因为使用者可以辩驳说只是恰好灵感重合。

但是大张伟的这首串烧不是单独使用词或曲，而是同时使用了词和曲。词曲二者的结合使得巧合的可能性无限减小，搭配上曲的词也作为歌曲这一整体脱离了公有领域。

坊间"使用音乐几秒以下就不算使用"说法并不全面。如前所述，如果是单纯使用"曲"的片段，短短几秒的雷同或近似只能说"灵感重合"的程度很高，是出于偶然。但若词曲结合在一起使用，就算仅有短短几秒，但如果这几秒恰恰是最关键的、能让观众辨识到歌曲出处的几秒,那么"灵感重合"就自然沦为诡辩。

大张伟给自己辩解的理由是,他是这首串烧歌曲的最终制作人、编曲者,是自己使得串烧歌曲成为了可被消费的文化产品,进而泯灭了原词曲人的贡献。他的观点在法律上站不住脚,因为即便他整合了一系列网红歌曲的片段并重新制作,演绎出了新的汇编作品并对串烧歌曲享有权利,这不代表着他没有侵犯"被串烧"的歌曲的版权。大张伟以商业价值为自己搭便车的行为辩解缺少法律依据。

14 通用素材雷同不属于抄袭:《我和你》抄袭纠纷案

案件简述

为参加 2008 年北京奥运会歌曲征集评选活动,王瑞华于 2007 年 8 月 16 日将自己创作完成的《我和你》歌词寄送给奥运歌曲征集办公室。2008 年 8 月 8 日,王瑞华发现陈其钢作词、作曲的奥运会开幕式主题歌《我和你》无论从歌曲名称还是歌词内容都与自己的作品相似。王瑞华据此认为,陈其钢剽窃自己的作品,侵犯自己的署名权。

陈其钢辩称,《我和你》是自己独立创作完成。自己根据奥运开幕式导演组的要求,使用最为平实和普通的语言,采用了公有领域被广泛使用且易于全世界人民普遍理解和接受的表达方式,最终独立完成了涉案作品的创作。自己不是奥组委歌曲征集办公室的工作人员,从未参与歌曲征集活动,亦未接触过王瑞华创作的名为《我和你》的歌词作品,无剽窃的可能。此外,自己与王瑞华各自创作完成的《我和你》在歌词表达方式上差别极大，完全不构成相同或近似。

王瑞华的《我和你》歌词为："我和你也许从未见过面，我们的心却已紧紧相连，阳光照耀世界每一个角落，仁爱的雨露滋养我们共同的家园。蓝天连着大地，高山连着海洋，鲜花与芳草连着我和你，春日，我们播撒希望，秋日，我们收获梦想。我和你，说着不同的语言，微笑已把我们紧紧相连，星星闪耀每一条奋斗之路，和合的微风传递友谊与温暖，同一个世界连着你，同一个梦想连着我，世界与梦想连着我和你！我们播撒希望，我们收获梦想，一起铸就人类文明的辉煌！"

陈其钢《我和你》歌词为："我和你，心连心，为梦想，千里行，相会在北京。来吧，朋友，伸出你的手。我和你，心连心，永远一家人。"

法院认为两首歌的词差距很大，不构成实质相似，不必考虑是否有接触，即可认定不存在剽窃。

案件评析与启示

■ 裁判要旨

• 两首歌曲间，主题或常见关键词的雷同是无法被认定为实质性相似的。构成剽窃，需要更为特殊的成分间的雷同，且雷同成分所占比例不能太小。

对比陈其钢与王瑞华的《我和你》，二者的表达差异明显。王瑞华明确表示，其指控的是陈其钢作品中使用了"我和你"以及"梦想"这一表达。由于该表达过于简单，在陈其钢作品中所占比例非常小，且实属公有领域的常用表达，因此，仅凭陈其钢作品中使用该表达的事实，无法认定陈其钢作品与王瑞华作品构成实质性相似。

由于不构成实质性相似，认定剽窃的充分条件不齐备，出于节约司法资源的考虑，法院对陈其钢是否接触过王瑞华投稿的问题不作审查。

15 借力版权协会专业鉴定维权：雪碧广告歌抄袭案

案件简述

太阳神公司对其企业歌曲《当太阳升起的时候》和广告歌《当太阳升起的时候》享有著作权。可口可乐公司的"雪碧"产品广告歌《日出》中的词、曲及主旋律与《当太阳升起的时候》雷同，太阳神公司认为遭到了抄袭、剽窃，诉至法院。

可口可乐公司辩称：雪碧的电视广告由李奥贝纳有限公司制作，其画面配歌是采用词曲作者童孔创作、台湾歌手张惠妹演唱、台湾丰华唱片公司出品、台湾大鹏传播事业股份有限公司授权的歌曲《日出》中的部分词曲，该电视广告名称为《真我》。可口可乐饮料公司在整个委托制作广告、取得歌曲使用许可过程中依法行事，没有侵犯任何人的权利。

法院采信了行业协会的专业鉴定意见，支持了太阳神公司的诉讼请求。

案件评析与启示

■ 裁判要旨

• 中国版权研究会版权鉴定专业委员的鉴定结论在诉讼中可能被法院采信。

本案法院断案时采信了中国版权研究会版权鉴定专业委员会的鉴定意见，可见该委员会的专业技能为司法系统所信任。下面摘录一些鉴定意见：

"……两首作品之间不存在使之显著区别的成分，现存的微小差别不足以使其受众感觉该两部作品是不同的作品。即两部作品是基本相同的。理由为：

（1）雪碧广告歌'日出'与太阳神'当太阳升起的时候'主体均为两句话，四小节音节。更重要在于：第一句（1、2小节）词和曲几乎完全一样。音乐的起音、起句、弱起的节奏、旋律的走向、重复的模仿的句式和词曲的结合等均相同。虽然雪碧的广告歌'当那太阳升起的时候……'比太阳神广告歌多了个'那'字，但该字处于经过的最弱拍上，不具有明显的区别意义，对主题乐句的相同无丝毫影响。'时候'二字的时值虽有区别，仍不能改变该句的音乐形象。一般地说，音乐作品，特别是歌曲作品的第一句中的词和曲给人以最深的印象，其产生的结果是不言而喻的……

（2）第二句（3、4小节）八拍音乐中有六拍半是完全相同的，而且，就音乐形象而言，这也仅是语句的不同所产生的音乐口语化的改变，于音乐主题的风格、走向、性质无任何根本改变，更不足以使二者区分为两部不同的作品。

（3）两首作品听觉感觉雷同。无论是初次听还是多次对比听，两者的主旋律无明显的听觉区别。虽然听觉感受仅限于感性的知觉范畴，但对音乐作品的受众，即便是广告的受众来说，却是感觉的全部。而广告传媒的目的即在于给受众以鲜明的感觉。特别是调式、节奏和结构方式和情调这些因素的雷同更能给人以相同的感受……"

五　舞蹈作品

16　加强署名意识、留存书面证据：舞蹈《土里巴人》复制权、署名权、修改权纠纷案

案件简述

陈民洪于1991年3月创作出反映土家族民情风俗的《土家情》舞剧剧本。长阳土家族自治县文化局将此创作列为该县文化工作计划的内容。同年8月，陈民洪完成了创作第二稿，并定名为《土里巴人》。1992年5月该作品由该县歌舞团首次公演。

1993年5月，宜昌市文化局将《土里巴人》剧本调到宜昌市歌舞剧团。同年10月，宜昌市文化局、宜昌市歌舞剧团聘请门文元为总编导，并由陈民洪修改完善该剧本。陈民洪在门文元等人提出一些修改性意见后，先后几易其稿，最后于1994年3月28日定稿。有关专业人员为该剧进行了作曲及音乐、舞美设计，该剧由宜昌市歌舞剧团公开上演。该剧获得成功，文化部为此颁发了"文华大奖"。陈民洪获得湖北省文化厅颁发的《土里巴人》编剧特等奖及宜昌市文化局颁发的创作特等奖。

1994年期间，上诉人陈民洪署名编剧，先后在《剧本》《民族大家庭》等刊物上发表《土里巴人》剧本，并在1994年第4期《楚天艺术》杂志上发表该剧本后声明："本剧本未经作者许可不得随意使用(包括选自剧中各场单独成章使用)"。

1994年底，宜昌市文化局、宜昌青旅印制了介绍土家风情、宣传宜昌的1995年台历，该台历引用了部分《土里巴人》剧本的

歌词和剧情简介，虽署名编剧为陈民洪，但未经其同意。

1995年元月，门文元接受宜昌市歌舞剧团的委托，为《土里巴人》在中央电视台1995年春节联欢晚会上演出，按照晚会的时间安排对该剧进行浓缩、改编时，将"抹黑"改为"抹红"。所谓抹黑，是指原作中，土家族男女青年恋爱时，女青年会手上抹满锅烟黑灰，将小伙子抹成大黑花脸，小伙子也会"回敬"。

1996年5月，宜昌市歌舞剧团应邀赴香港演出，在演出节目单及宣传册上均未署编剧陈民洪之名。宜昌市歌舞剧团演出《土里巴人》164场，其中营业性的演出42场，门票收入接近20万元人民币，未向陈民洪支付报酬。陈民洪起诉歌舞剧团等侵犯其复制权、表演权、修改权等，要求赔偿损失。

案件评析与启示

裁判要旨

- 署名意识强的作者，维权时更有底气。
- 保留详细的工作底稿有助于解决日后的版权纠纷。

根据以下证据，法院认定《土里巴人》是陈民洪个人作品，其著作权归陈民洪享有：

（1）陈民洪所在单位长阳土家族自治县歌舞剧团的证明；
（2）时任长阳土家族自治县文化局局长郑家喜的证明；
（3）陈民洪作为编剧多次获得的奖励证书；
（4）陈民洪发表剧本时的署名；
（5）宜昌市歌舞剧团演出的节目单及宣传单上的编剧署名。

此外，证据表明，陈民洪在创作过程中，某些人提出过修改意见，但该剧本从第一稿到第七稿的修改和完善，主要是进行语言的润色和文学性的提高，整个故事情节、主题思想、人物设置等都没有根本性的变化。上述修改并不能改变该剧本为陈民洪个人作品的性质。这凸显了保留工作底稿的重要性。

陈民洪参与1994年公演版的修改，可视为许可当年市歌舞剧团的公演行为。但是根据他同年发表的版权声明，他并没有放弃版权的意思。之后再要使用《土里巴人》，不论是将其在舞台上表演还是复制台词制成台历，都必须经过陈民洪许可。因此，在香港公演的行为侵犯了陈民洪对自己作品享有的表演权。

复制权问题上，宜昌市文化局、宜昌青旅认为，其制作、发行的台历并未销售，也未获利，因而不构成侵权；陈民洪认为，是否构成侵权并非以营利为必要条件，且其发行行为本身即有营业宣传的动机。法院支持陈洪民的观点，认为赠与台历的行为有商业性质，构成侵权。

修改权问题上，法院认为，门文元将土家婚俗中表现吉祥含义的"抹锅灰"改为"抹红"，改变了该剧的原意，未尊重土家族长期形成的婚俗习惯，侵犯了陈民洪对作品的修改权，应承担相应的民事责任。但是，门文元是受宜昌市歌舞剧团的委托对表演的节目进行的改编，因此门文元的行为所产生的法律后果应当由委托人宜昌市歌舞剧团承担。

17 书面协议永远比证词可靠：舞蹈《千手观音》著作权归属纠纷案

案件简述

被告张继钢担任中国残疾人艺术团《我的梦》歌舞晚会的艺术指导。2000年6月底，应艺术团总导演邀请，原告刘露加入剧组，负责排练女子群舞《千手观音》（12人表演）。同年8月30日舞蹈《千手观音》在北京首次公开演出，节目单中该作品署名为：艺术指导张继钢、指导老师刘露等。2005年中央电视台春节晚会上，出现了21人版的《千手观音》舞蹈演出。2005年春节后，残疾人艺术团和张继钢未经刘露同意，在对《千手观音》申请著作权登记时，将12人版的《千手观音》舞蹈作品和21人版的《千手观音》舞蹈作品的作者均登记为张继钢，张继钢向媒体宣传自己是《千手观音》的作者。

刘露认为，自己才是12人版《千手观音》舞蹈作品的作者，21人版的《千手观音》是在未经原作者同意的情况下稍加改动而形成的，该改动并不具备实质性的创新，只是换了音乐增加了演员人数而已，因此不足以构成一个新作品。张继刚的行为侵犯原告著作权。张继钢辩称，刘露只是该舞蹈的排练老师，并不承担独立的创作工作责任，《千手观音》的后续版本更是与刘露没有任何关系。

法院最终认定刘露只是提供排练服务，主要服从于艺术团编导指示，并未创造出舞蹈作品。

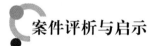 案件评析与启示

■ 裁判要旨

- 证人证言为主要证据的案件中，作为证人的员工一般难以做出有损本单位利益的证词，这会为单位的对方当事人造成较大的举证负担。

- 证词本身可信度有限，容易被对方攻讦，且证词之间、证词和其他证据之间必须形成证据链条才能被采信。单纯依赖证词是难以胜诉的，除非证词之间、证词和其他证据环环相扣，且证明力比对方的证据组合强。

- 编舞人员如想主张著作权，应当事先与聘用单位签订书面协议。

根据《著作权法实施条例》第 4 条第 6 项，舞蹈作品，是指通过连续的动作、姿势、表情等表现思想情感的作品。据此，判定舞蹈作品的创作事实构成应当由主张创作事实的人对动作如何衔接、姿势如何设计、表情如何表现等创作经历加以证明。就本案而言，同时还需要证明通过对观音生动表现，传达人对善爱、给予和帮助等思想追求的创作构思是如何产生并由谁完成的。

双方争议的焦点之一是刘露的行为属于"编导"还是"排练"，主要的证据形式是证人证言。本案中，7 位参与 12 人版《千手观音》舞蹈表演的演员——张黎、林玲、王琼、朱蓉、谢玲、韩婷和骆丽君——均证明舞蹈《千手观音》是由刘露于 2000 年 7、8 月份编排的，边修改边编排。韩婷、骆丽君均表示："是刘露老师为我们创编了《千手观音》"。骆丽君还表示："……还记得刘露老师感冒时坚持给我们编出千臂观音的动作，我们大家都觉得美极了。"

张继钢表示，认可这些演员的证词能够证明刘露负责她们的舞蹈排练，但不认可她们能够证明刘露是编导；他同时表示，韩婷、朱蓉现已承认上述证词是刘露强迫她们写的。为此，他出具了韩婷 2005 年 8 月 12 日的《补充证明》，该证明显示韩婷说："我是 2000 年千手观音的演员，当时我不知道领导的分工，我给刘露的证明，是在不知打官司的内情下写的"。张继钢还提交了朱蓉 2006 年 1 月 11 日给刘小成的信，信中写道："……刘露老师曾经逼我写过一份证明……"。

针对上述证人证言，张继钢提交了多位证人证词。王晶是哑语手语老师，和刘露一起负责对 12 位聋哑演员排练《千手观音》动作。王晶证明："当时排练这个舞蹈时一般到晚上的时候张继钢把他的想法告诉我和刘露。"法庭问："怎样让演员排演出图中示意的内容？"王晶答："张继钢把立意确定好后，交给刘露，我作为手语和排练老师传授给演员。"刘露问："排练时，你传达的是张继钢的意思还是我的意思？"王晶答："张继钢不可能在现场，是前一天张继钢跟刘露说，然后在现场是传达刘露的意思。"王晶又说："你（指刘露）没有来之前是我给她们排练，张继钢可能看不起我们，就介绍专业的刘露老师过来，由我协助刘露排练这个舞蹈（指《千手观音》）。"刘露问："你知道舞蹈编导的创作过程吗？"王晶答："先是他的立意想法。"刘露问："怎么展现出来？"王晶答："我知道你想说明编导应当去现场给演员排练。"王晶还表示：张继钢说"只要你心地善良就会有一千只手来帮助你"，表现的是舞蹈《千手观音》作品的主题。"邰丽华带动手臂运动（动作）""用莲花指起舞（动作）""依次一一出手臂（动作）""千手千眼（设计）""半臂观音（动作）""莲花观音（动作）"均由张继钢所提出。

演员邰丽华2005年8月20日书面证明："……在整个排练过程中刘露老师把她排出来的段落让张继钢和李福祥老师审看，有时张继钢老师会一个人到我们的排练厅看看，并亲自给我们排练，比如《千手观音》开头的几个手臂动作，他对大家提出要求把自己的手紧紧地藏在每个人的背后，这样可以让观众看不到我的后面还有几个人；还有'千手观音''孔雀半开屏''莲花观音'等……"刘露为证明邰丽华的证词受到残疾人艺术团的影响，不真实，向本院提交了其保留的邰丽华发给刘露的手机短信，内容有："刘露老师你好……团里领导得知此事后不同意我给你写……我只有服从团里安排，十分抱歉！"发送时间2005年7月10日。

演员李国岩2005年8月25日书面证明："……从接触和排练时间看，刘露和王晶老师天天和我们在一起，指导大家。张继钢老师虽然来的次数很少，但很明显是张继钢老师说了算数，他提出的都是关键问题……"

总体来看，刘露方面的证人均表示刘露对《千手观音》"一边修改一边编排"；但除骆丽君证词外，均未能具体说明刘露"如何编排"舞蹈，编排了哪些内容，修改部分又是什么内容；而这些正是本案争议的实质所在。几位演员的证言对查明该事实缺乏足够的印证力。相比之下，张继刚一方的证人证言形成了彼此印证的证据链条；除邰丽华（反悔证词无效）外，王晶等人的证词均指出了张继钢对《千手观音》舞蹈动作的具体设计内容。因此，法院依据民事诉讼的优势证据原则，判定张继钢一方的证人所作证明成立，认定舞蹈《千手观音》系由张继钢所编导。

由此可见，为了避免著作权权属纠纷，事前签订书面协议是最妥善的选择。

18 不应割裂比较舞蹈作品：《吉祥天女》与《千手观音》抄袭纠纷案

案件简述

茅迪芳是北京军区政治部战友文工团职员，编导了舞蹈《吉祥天女》。她认为被告张继钢、中国残疾人艺术团（以下简称"艺术团"）的舞蹈《千手观音》抄袭了自己的作品。

被告辩称：《吉祥天女》是特殊职务作品，茅迪芳只享有署名权；《吉祥天女》与《千手观音》之间区别显著，不构成抄袭。法院支持了被告的主张。

案件评析与启示

■ 裁判要旨

- 判断舞蹈作品是否雷同，要综合考虑音乐、服装、舞美、灯光与动作的结合。
- 不得将两部舞蹈作品的部分演员、部分动作割裂出来且打乱顺序进行机械比较。应当从整体上判断是否雷同。
- 顺风旗、商羊腿等我国传统舞蹈动作不可避免地被各舞蹈作品广泛运用，属于公有领域的信息，利用这些动作而导致的雷同不构成抄袭。

首先，《吉祥天女》是《著作权法》第16条第2款第1项规定的主要利用单位物质技术条件创作、由单位负责的特殊职务作品，茅迪芳仅享有署名权。舞蹈的创作需要必要的物质技术条件（专门的资金、设备、资料等）并应由权利人承担相应的责任，以保证演员排练完成连续的动作、姿势、表情以表现思想情感；必要时，人体的动作还应与音乐、服装等因素相结合以表达特定的主题，如传统芭蕾舞《天鹅湖》中演员的动作与柴可夫斯基的音乐合拍，再比如舞蹈《红色娘子军》中女演员穿军装以表明战士的身份。

本案中，《吉祥天女》舞蹈是文工团为参加全军第五届文艺汇演而组织创作、全额投资的作品。作为文工团的编导，茅迪芳参加创作是其本职工作，她既未提供专门的资金、设备、资料，也无须对此承担责任（无须为演员支付工资报酬），鉴于舞蹈的音乐、服装、灯光、舞美另有设计人员，茅迪芳只享有编导的署名权，其主张整体著作权，无事实与法律依据，证据不足，法院不予支持。

其次,《吉祥天女》与《千手观音》之间不构成显著相似。音乐、服装、舞美、灯光都可以与动作结合表达特定的主题和思想情感,如使用《吉祥天女》舞蹈的音乐将《吉祥天女》舞蹈与《千手观音》舞蹈比较,需改变动作的节奏,才能构成相似;又比如,《千手观音》演员改穿《吉祥天女》的演员的服装表演《千手观音》舞蹈,将难以实现原有的艺术效果。因此,在进行两个舞蹈的比较时,这些因素应给予必要的注意。《吉祥天女》和《千手观音》的这些因素并不相同,因此两个舞蹈不构成实质性相似。

再次,动作的比较应是两个舞蹈连续性的可表达一定思想情感的完整动作的比较。在本案中,茅迪芳选择了《吉祥天女》与《千手观音》26处部分演员的部分动作进行比较。这种割裂的做法是不合适的,因为没有人在正常欣赏舞蹈艺术时会"暂停""截图""局部比对",而是会整体上观赏。选择画面的片断进行对比,如同选择两部小说中的字、词甚至笔画进行对比一样,并不合理,不能据此判断作品表达相同或相近似。茅迪芳的割裂比对法,改变了两个舞蹈的动作节奏和顺序,甚至进行错位粘贴,进行动态比较,事实上改变了原舞蹈的内容,使比较丧失了意义。

最后,顺风旗、商羊腿是我国传统舞蹈动作,大佛的形象亦属于公有领域的信息,据此创作出的舞蹈静态动作不可避免地会出现相同或相近似的情况,但这种公有领域的思想内容不应为个人所独占。

六 戏剧与影视作品

19 厘清维权身份,把握权利属性:河北梆子剧表演权、录像制作者权纠纷案

案件简述

原告唱金公司分别从河北省梆子剧院、衡水市河北梆子剧团、石家庄市河北梆子剧团、保定市河北梆子剧团处获得授权,独家出版、发行《蝴蝶杯》《陈三两》《三打陶三春》《双错遗恨》《打金砖》等剧目的音像制品。

唱金公司发现由文联音像出版社出版、天宝光碟公司复制、天宝文化公司发行及音像人公司销售的部分音像制品的内容为自己已取得独家出版权的梆子剧,于是诉至法院,请求判令上述侵权人停止侵权、销毁侵权产品并赔偿唱金公司损失45万元。

被告的主要抗辩理由是,作为录像制作者的唱金公司取得授权不完整,不是恰当的维权主体。此外,被告的部分录像制品和原告的录像制品是相同剧目的不同版本,因此被告认为自己没有翻录原告制作的录像,不侵犯原告的录像制作者权。

法院认为唱金公司取得的授权是完整的,有维权资格。原、被告发行的梆子剧版本不同,而一般而言只有翻录才侵犯录像制作者权。但是本案中唱金公司不仅是录像制作者,还是涉案梆子剧的发行权的独家被许可人,因此即便版本不同,唱金公司也有权阻止他人未经许可发行涉案梆子剧的录像制品。

案件评析与启示

■ **裁判要旨**

• 戏剧作品从演出的筹备、组织、排练等均由剧院或剧团等演出单位主持,演出所需投入亦由演出单位承担,演出更多体现出单位的意志,所以对于整台戏剧的演出,演出单位是著作权法意义上的表演者。没有特别约定,演员个人不再享有许可他人从现场直播或录音录像、复制发行录音录像制品等权利。

• 录像制作者自身的权利仅限于禁止他人未经许可复制、发行自己制作的录像制品,对于不是自己制作的录像制品,则无权禁止他人制作和发行。

• 录像制作者有可能同时是著作权人。若录像制作者还对录像制品所涉及的内容享有独家出版、发行的权利,则他人未经许可将相关内容制作、出版、发行录像制品的,即便并非翻录录像制作者的录像制品,也侵犯录像制作者作为发行权人的著作权。

唱金公司最为显而易见的角色是录像制作者。根据《著作权法》第42条第2款,合法制作录像,需要取得梆子剧的著作权人和表演者的双重授权。涉案梆子剧都是各剧团的工作人员根据单位的指令创作的,属于法人作品,因此涉案梆子剧的著作权人是各有关剧团。涉案梆子剧的实际表演者是各剧团的自然人演员,但是法院却认为应当以剧团这一单位作为法律意义上的表演权人,因为就涉案梆子剧而言,"所需投入均由演出单位提供,演出的组织、排练等均由演出单位主持,参与演出的演职员均属于履行职务的行为,演出剧目体现的是演出单位的意志,对外责任亦由演出单位承担,因此对整台戏剧的表演,许可他人现场直播和公开传送、制作音像制品并复制、发行，及通过信息网络向公众传播并获得报酬的权利，理应由演出单位享有，任何演员个人对整台戏剧都不享有上述权利，也不得影响演出单位对上述权利的行使"。

因此，法院认为各剧团是涉案梆子剧的著作权人以及表演权人，进而认定唱金公司已经取得了合法制作录像制品所需的全部授权，是适当的维权主体。

然而，唱金公司的角色不限于录像制作者。根据其与各剧团的协议规定，发行涉案梆子剧录像制品的权利由唱金公司独家享有。因此，唱金公司还是涉案梆子剧的发行权人，其权利性质为独家。本案各被告公司擅自发行梆子剧录像制品的行为侵犯了唱金公司的权利。由此可见，根据实际情况，录音录像制作者的身份可能是多重的，需要细致考察其构成内容。录音录像制作者可能同时也是著作权的受让人或被许可人，他们所能阻止的不仅是他人未经许可利用自己制作的录音录像，也许也能阻止他人对作品的其他版本的表演或演绎的复制、发行。本案中败诉的几家公司认为唱金公司作为录像制品制作者，只能阻止翻录行为，无权阻止录制同一剧目的不同版本的行为（本案中，涉案剧目与唱金公司发行的录像制品系来源于同一次录制过程）。败诉公司没能考虑到唱金公司也许还有发行权人的身份，还取得了阻止他人对戏剧作品本身进行复制的权利。

有一种可能，即败诉公司可能从电视台或者剧团处取得了授权，只是购买授权时没有采取足够的风险防范措施，以至于买来的授权不充分。著作权的转让、许可等不像商标、专利那样需要政府机关备案，因此缺乏公开的核查途径，无法有效进行尽职调查。购买著作权授权时，为防止授权有瑕疵带来的风险，购买人应在合同中设置"陈述与保障"条款，要求授权人保证授权是充分、无瑕疵的，不会妨碍购买人的使用，并约定若产生任何纠纷，则由作出不实陈述的授权人赔偿购买人的全部损失。

20 细读合同条款，警惕默认买断：《我的一个世纪》改编权纠纷案

案件简述

董竹君是自传作品《我的一个世纪》的作者。她曾与恒通公司签订合同，约定将上述作品的电视连续剧拍摄权转让给恒通公司，后于同年去世。次年，恒通公司与海润公司等四家单位签约，约定联合将《我的一个世纪》拍摄成电视连续剧《世纪人生》，共享该剧的版权。两年后《世纪人生》在电视台正式播出。之后，海润公司与大恒出版社签订合同，约定前者向后者独家转让《世纪人生》的光盘版权。

董竹君的子女认为，根据其母与恒通公司的合同，发行电视连续剧的方式仅限于作为电视节目在电视台播映，因此上述公司的行为已超越了原先许可使用的方式和范围，构成侵权。

案件评析与启示

■ 裁判要旨

• 原作者与制片公司的合同约定，制片公司可以将自传改编为剧本、拍摄相应的电视剧并加以发行。合同未对发行方式予以限制，因此应该朝着对被告有利的方向解释合同。

• 由于合同约定粗疏，制片公司获得了很广泛的权利，可采取各种方式发行改编的电视剧。若不希望在一

份合同中以较低的价格出卖如此多的权利,则应当将原作的版权细致分割,并对利用方式加以明确列举。

董竹君作为《我的一个世纪》的作者,对该作品享有著作权。董竹君逝世后,原告作为继承人,依法继承董竹君对《我的一个世纪》享有的著作权中的财产权利。本案中,《我的一个世纪》文字作品尚在著作权保护期内,因此原告对《我的一个世纪》文字作品享有著作财产权。

根据董竹君与恒通公司签订的合同,董竹君许可恒通公司以改编电视剧本、电视剧拍摄制作及发行的方式使用《我的一个世纪》文字作品,但合同并未限制发行的方式,更未约定拍摄完成的电视剧只能作为电视节目在电视台播映。因此,原告"发行电视连续剧的方式仅限于作为电视节目在电视台播映"的主张与事实不符。以VCD形式发行《世纪人生》是发行该电视连续剧的一种方式,这种发行方式既没有改变《世纪人生》属于以类似摄制电影的方法创作作品的性质,又没有改变《世纪人生》属于电视连续剧的性质,也没有违反董竹君与恒通公司的合同约定。

原告的败诉源于合同约定的极大粗疏。由于合同未对发行方式进行具体约定,制片公司获得的权利几乎是不受限制的,能采取各种方式发行改编的电视剧。若作者不希望在一份合同中以低廉的价格出卖全部的权利,则应当将作品的版权细致分割(如电视剧改编权、网络剧改编权、电影改编权、广播剧改编权、续集制作权、衍生剧制作权等),并对利用方式加以明确列举(能改编几次、在何种渠道或平台上传播、能否制作续集等)。

21 具体情节雷同才构成抄袭：《宫锁连城》剧本抄袭案

案件简述

琼瑶状告于正抄袭、侵权一案引起了广泛关注。早在于正编剧的《宫锁连城》播出后不久，就有观众指出这部剧中大量的情节都跟琼瑶经典老剧《梅花烙》很像。之后，琼瑶在致广电总局的公开信中举报于正《宫锁连城》多处剧情抄袭《梅花烙》，并列举了于正抄袭的若干具体情节作为证据，希望广电能够停播《宫锁连城》。一年后，琼瑶正式向法院提起了诉讼，状告于正抄袭。最终，法院判定于正编剧的《宫锁连城》侵犯了琼瑶对《梅花烙》的改编权。

案件评析与启示

■ 裁判要旨

- 只有足够具体的故事情节才能受到著作权法保护、才能被抄袭，对大纲、梗概的借鉴难以构成抄袭。

琼瑶状告于正的《宫锁连城》抄袭了《梅花烙》的情节并胜诉，但这不意味着之后的作者在创作作品的时候就不可以写别人写过的情节了。

要判断两部相似的作品之间是否存在抄袭，应当先确定被诉侵权作品和原作品间的相似是否属于实质性相似，也就是说是两部作品在表达（而非思想）上构成实质性的相似。著作权法保护思想的外化的表达而不保护思想本身。

有人认为著作权法保护的是文学作品中的对白台词、修辞造句,这样的认识是片面的。文学作品的表达,不仅表现为文字性的表达,也包括文字所表述的故事内容;但是人物设置及其相互的关系,以及具体事件的发生、发展和先后顺序等构成的情节,只有具体到一定程度,才能成为著作权法保护的表达;换言之,只有在文学作品的情节选择、结构安排、情节推进设计能够反映出作者个人独特的选择、判断、取舍时,情节才能受著作权法保护。因此可以得出结论:具体到一定程度的文学作品的情节,只要是体现了作者的思想、情感,那么都属于表达,是受著作权法保护的。

究竟具体到什么程度的情节才能构成表达?常见的一些情节可能在诸多影视作品中都有出现过,比如车祸失忆、癌症死别等情节,这些算不算是具体情节呢?不算,它们只是著作权法中所说的"思想"。只有该情节的具体时间、地点、人物、事件起因、经过、结果等细节性的情节才是著作权法所保护的表达,且不包括唯一或有限表达(即为了表达某一种思想,所能采用的表达方式是唯一或者十分有限的)以及公知领域内的素材(如车祸、误会、抢亲等各类常用桥段的梗概)。

本案中,以《梅花烙》中"偷龙转凤"的情节为例:福晋连生三女无子,王爷纳侧福晋,福晋地位受到威胁后计划偷龙转凤;福晋生产当日又产一女,于是计划实施;弃女肩头带有印记,成为日后相认的凭据。该情节设计实现了男女主人公身份的调换。为男女主人公长大后的相识进行了铺垫,同时该情节也是整个故事情节发展脉络的起因,上述细节的设计已经体现了独创性的选择、安排。所以可以认定《宫锁连城》剧本的相应情节与《梅花烙》中的"偷龙转凤"构成实质性相似。

最终法院认定《宫锁连城》中有9个情节与《梅花烙》中情节构成实质性相似,对于拥有上百个情节的《宫锁连城》来说,仅仅9个情节的相似就能够认定它侵权吗?一般不是说侵权情节达到一定数量和比例才能够认定构成实质性相似吗？这是怎么回事？

这是因为，在本案中，以剧本《宫锁连城》中的所有情节来计算，虽然法院所认定的构成实质性相似的情节数量所占比例不高，但是构成实质性相似的情节基本包含了《宫锁连城》故事内容架构，也就是说这些情节设置已经占到了《宫锁连城》的足够充分的比例，以至于受众足以感知到被诉抄袭的《宫锁连城》的情节来源于《梅花烙》，《梅花烙》的核心情节并没有被淹没在《宫锁连城》的庞大篇幅中，此外，上述情节构成了《梅花烙》的绝大部分内容。因此，《宫锁连城》剧本与涉案作品在整体上仍然构成实质性相似。所以，法院最终判决《宫锁连城》剧本侵犯了琼瑶对《梅花烙》享有的改编权。

由此可得出结论：文学作品中，若情节的前后衔接、逻辑顺序将全部情节紧密贯穿为完整的个性化表达，则这种足够具体的人物设置、情节结构、内在逻辑关系的有机结合体可以成为著作权法保护的表达，对这些具体情节的"借鉴"构成抄袭。如果被诉侵权作品中包含原作品中的前述足够具体的表达，且这种紧密贯穿的情节设置在被诉侵权作品中达到一定数量、比例，对被诉侵权作品而言具有相当的重要性，则可以认定构成实质性相似；或者，如果被诉侵权作品中包含的紧密贯穿的情节设置已经占到了权利作品足够的比例，即使其在被诉侵权作品中所占比例不大，也足以使受众感知到这些情节来源于特定作品时，则也可以认定构成实质性相似。

22 在情节中把握人物：视频剧《老男孩》与话剧《再见"李想"》抄袭纠纷案

案件简述

时代嘉华公司起诉巨海传媒公司，指控巨海传媒公司公开演出的话剧《再见"李想"》在人物设置和人物关系、主要剧情和戏剧冲突、人物形象设计、所使用的音乐等方面与时代嘉华公司拥有话剧改编权的视频剧《老男孩》相同或近似，构成了对《老男孩》的改编，侵犯了时代嘉华公司对《老男孩》享有的话剧改编权，给该公司造成了巨大经济损失，也使社会大众对涉案视频剧的话剧改编权归属的认识产生了混淆。

但巨海传媒公司称《再见"李想"》话剧是由他们自行创作、编排、演出的，该公司并未对《老男孩》进行改编；虽然两部剧间有相似之处，都反映了相同的题材，但两者在时长、定位、人物设置、故事情节、所使用的音乐等方面还是有很大区别的。

《老男孩》的故事线索是：主人公肖大宝和王小帅在中学时怀揣音乐梦想，毕业后成为生活在社会底层的普通人物，之后又通过电视节目选秀激起了青春的梦想，梦想破灭之后又回到了原来的生活，但之后发现自己的青春还活在心里。《老男孩》刻画了肖大宝、王小帅、包小白、校花、王小帅妻子等人物形象，并通过这些人物展开了一系列具体的故事情节，比如肖大宝、王小帅在中学时都喜欢校花，肖大宝、王小帅均喜欢迈克尔·杰克逊，毕业后王小帅从事了理发师职业，肖大宝从事了婚庆主持职业，包小白成为了节目制片人，校花嫁给了包小白，王小帅娶了从中学时就一直喜欢他的同学胖姑娘，包小白让肖大宝和王小帅参加他的选秀节目，包小白让评委把肖大宝、王小帅淘汰掉等等。作品表达了有关青春理想、励志、怀旧等的主题思想。

《再见"李想"》的主人公名为李想和王帅；该作品设置了与《老男孩》基本一致的故事线索、人物和人物关系、主要故事情节等，只是在一些故事情节的具体处理、人物形象的刻画上稍有不同。比如，《再见"李想"》中校花马玲具有音乐理想，中学毕业后她考上了音乐学院，后出国去了日本，回国后嫁给了包大白，成为每天被关在家里的专职太太。在她看到李想与王帅在"快乐男声"节目中的演唱后，被激起了青春的梦想，毅然离开了包大白去实现自己的理想。该人物形象比《老男孩》中校花的人物形象要具体、丰满。在《老男孩》中，校花没有考上音乐学院、出国去日本，她在看到肖大宝、王小帅在"欢乐男声"节目上的表演后，只是感动得哭了，并没有离开包小白。再如，《再见"李想"》中还刻画了王帅中学同学喜力，他装扮不男不女、后来因喜欢王帅做了变性手术，但仍然没有得到王帅。在《老男孩》也有一个不男不女的人物形象，但只是作为王小帅理发店客人出现，在《再见"李想"》中并无与之实质性近似的故事情节。

除此之外，两部剧在主要人物设置、人物关系及主要情节设置上都完全相同或实质性相似。因此法院认定：《再见"李想"》使用了《老男孩》的独创性内容，属于在此基础上再创作而产生的不同于视频剧类型的新作品，即《再见"李想"》话剧属于对《老男孩》视频剧的改编。巨海传媒公司改编涉案视频剧并未经过时代嘉华公司的许可，侵犯了时代嘉华公司对《老男孩》视频剧享有的话剧改编权，并在一定程度上导致了社会公众对两部剧之间关系的混淆和误认，产生了不良社会影响。

案件评析与启示

■ **裁判要旨**

• 判定抄袭时要纵观全局，除需要对具体的人物、人物关系、具体故事情节等进行分别比对外，还需要对人物及人物关系与故事情节所融合而成的整体内容进行整体比对、综合判断，切忌完全割裂、孤立地将两作品的各要素进行比对。

这个案子是对一部视频剧和一部话剧进行侵权对比。那么对于电影作品我们该如何确定一部电影中哪些元素是受到著作权法保护的呢？

电影作品通过在具体人物之间展开具体故事情节以表达特定的主题思想。因此，设置人物以及人物之间的关系、在人物之间展开故事情节等仍然是电影作品用于表现特定思想情感的表达方式。单纯的人物身份或人物之间的某种关系，比如电影作品中设置的某个中学生的人物身份、人物之间的同学关系等，如未通过故事情节加以刻画，可能会因人物特征不够具体或属于公有领域的素材等而不具有独创性，不受著作权法保护。在故事情节中，也可能会因某些单个的故事情节所叙述的事件属于客观事实，或不具有独创性而不受著作权法保护。但在电影作品创作中，人物及人物之间的关系往往都是通过具体故事情节来刻画和描述的，而故事情节又往往都是围绕人物为中心展开的，人物及人物之间的关系与具体的故事情节往往是相互融合，形成表现思想情感的整体表达方式，故人物设置、人物关系及具体故事情节等融合而成的具有独创性的内容应当是著作权法所保护的电影作品的内容。

因此，在判断一个作品是否使用了另一个作品的内容，是否构成侵权时，除需要对人物、人物关系、具体故事情节等分别比对外，还需要对人物及人物关系与故事情节所融合而成的整体内容进行整体比对、综合判断。如果一部剧通过对人物的设置以及具体的故事情节来展示了人物之间的关系，刻画了每个人物形象，表达了一定的主题思想，那么就是具有独创性，应受著作权法保护。他人使用这些独创性内容创作新作品应当经过许可，否则属于侵权行为。

既然两部作品内容高度雷同，构成实质性相似，为什么不认定为抄袭而是认为其侵犯改编权呢？

在改编权侵权的认定中，也要求被诉侵权作品与原作品构成实质性相似。我国《著作权法》规定，改编权是改变作品，创作出具有独创性的新作品的权利。改编作品，一般是在不改变作品内容的前提下，将作品由一种类型改编为另一种类型，或者虽未改变作品类型，但基于原作品创作出了具有独创性的新作品。一般来讲，改编必须是在使用原作品独创性内容的基础上又对原作品内容进行了修改，从而产生了新的作品。因此，判断一个作品是否构成对另一个作品的改编，除了要考察作品类型是否有所改变外，更重要的是还需要考察前者是否在使用后者独创性内容的基础上又对后者内容进行了修改，从而产生了新的作品。

在本案中，从对两部剧进行的比对来看，两部剧所讲述的整体故事内容及设置的故事线索基本是一致的，更为重要的是两者在众多的主要具体故事情节的安排、人物设置和人物关系等方面几乎完全相同或实质性近似，甚至连演员所说的台词、有些人物姓名等细节处都基本一致或实质性近似。故从人物及人物关系与具体故事情节相互融合所形成的整体内容来看，两者构成了实质性近似。这已经超出了因独立创作而产生雷同或巧合的程度。但是，除此之外，《再见"李想"》话剧中的确有一些具体的故事情节和人物设置是巨海传媒公司自己原创的具有独创性的内容。因此，《再见"李想"》在使用《老男孩》独创性内容的基础上又对其内容进行了修改。

七 著作人身权案例专题

23 编剧的"番位"之争:《芈月传》编剧署名权纠纷案

案件简述

作家兼编剧蒋胜男发微博指责《芈月传》片方侵犯自己著作权,称《芈月传》系根据其原创小说改编,且自己独自完成了初始剧本,却被片方降格为"联合编剧""原创编剧",而未参与初稿的王小平则成为了"总编剧"。《芈月传》片方发表官方声明,指责蒋胜男扭曲事实,称制片方一直承认蒋胜男是小说原创作者,且王小平确实对剧本进行重新创作,做了大量修改。

蒋胜男诉至法院,称片方将王小平列为总编剧,侵犯了自己的著作权。

一审法院判决蒋胜男败诉。关于"总编剧"与"原创编剧"的区别,法院认为这两个词语不是专业法律术语,根据一般语义各有侧重,且称蒋胜男为"原创编剧"没有抹消她的贡献,因此不构成侵权。

案件评析与启示

■ 分析要旨

- 编剧与制片公司签订剧本创作合同时,应当就署名的位置、顺序、大小、字体、形式以及是否接受合作编剧等事项与制片方进行完整、细致的约定。

• 著作权法保护作者的署名权，这是不可剥夺的著作人身权；但是法律也承认，在当事人有约定的情况下，具体署名事宜依照约定。

目前，业内一般的编剧合约中都含有"编剧享有署名权"的条款，保障编剧的署名权；但如果双方没有对其做出更加细致、严谨的约定，比如"未经编剧同意不得擅自增加编剧署名"，就可能使制片方有机可乘，"空降"其他编剧署名和更改编剧署名排序。

在合同中，编剧应要求制片方以特定的方式对自己进行署名，以求利益最大化。根据不同编剧付出的创作成果或行业地位，制片方会授予编剧不同的署名权。大编剧们可能享有"总编剧"署名，甚至可以要求写入"乙方将被署名为本作品的唯一编剧""乙方的署名将单独出现在片头""乙方署名在荧幕上的停留时间不短于2秒"等类似条款。

署名的字体大小、长度、粗细甚至署名占据画面的比例也可以进行明确的要求。比如，可规定编剧姓名必须为粗体、表明"编剧"身份的字体不小于姓名的1/2等；就署名的范围来看，署名其实不仅仅局限于影视剧的字幕中，付费广告、录像带封面、DVD封面、海报等都属于编剧可以要求署名的范畴。

本案很大程度上是由于署名权条款约定不够细致造成的。双方争议的焦点之一是蒋胜男未获得"总编剧"是否属于署名权受损。法院认为，"总编剧"既不是法律概念也不是合同约定名词，它强调的是指导性、全局性，王小平获得该头衔并无不当。"原创编剧"强调本源性、开创性，赋予蒋胜男该头衔，并未贬损蒋胜男作为原创编剧的身份和贡献。因此在这一点上，蒋胜男的主张于法无据。

法院以当事人间约定为标尺的决断和实务相符合。现实中，地位高的编剧，可以要求将自己的署名与制片人和导演挂钩，也就是说凡导演和制片人署名的地方（如广告、海报），编剧都应得到署名，并且署名的方式也必须不次于导演和制片人。

综上，编剧和制片方约定署名权时应尽量的细致完善。

24 影视海报上的署名权：郭敬明与乐视影业《爵迹》海报上导演署名权纠纷

案件简述

电影《爵迹》宣传期间，导演郭敬明发微博斥责乐视影业的发行部门未经许可擅自将发往全国院线的电影海报片名下方的"郭敬明导演作品"字样全部隐去，认为这是对他署名权的侵犯。

案件评析与启示

■ 案件要旨

- 影视作品的著作权属于制片者，但导演享有署名权。
- 电影海报是一件独立于电影的美术作品，因此并不当然地是导演署名权的载体。换言之，电影海报上缺少导演署名，不能当然地得出署名权被侵犯的结论。
- 电影海报上署名与否取决于合同约定。

《著作权法》第15条第1款规定："电影作品和以类似摄制电影的方法创作的作品的著作权由制片者享有，但编剧、导演、摄影、作词、作曲等作者享有署名权，并有权按照与制片者签订的合同获得报酬。"由此可见，身为导演的郭敬明确实是享有署名权的,并且摄影、作词、作曲等人也享有此权利。

然而,从司法实践的角度来看,不在电影海报上署名,并不等同于不在作品上署名。电影海报并非电影这一作品本身,它在著作权法上是一个独立的作品概念,其著作权应属于制作海报的作者,而非电影的作者。海报是一件独立的美术作品,它没有必要充当电影著作权人署名权的物质载体,海报上没有署名也不能成为确定侵犯署名权的依据。

另外,还需注意的是,乐视只是把海报上片名正下方的导演名字去掉了,海报下部的署名仍然予以保留。

著名影评人、编剧张小北认为,行业惯例是:海报上是否署名,由合同约定。若导演希望自己的名字可以醒目地出现在海报上,则应与制片方及其宣发单位事先商量好。

25 保护作品完整权:《鬼吹灯》作者天下霸唱诉《九层妖塔》歪曲原作案

案件简述

网文作者天下霸唱将自己创作的《鬼吹灯》的改编权打包转让给起点中文网;起点将8部小说改编权拆分授权给不同的影视公司。《寻龙诀》和《九层妖塔》是获得授权的两家公司各自制作的影片,前者请来天下霸唱作为编剧顾问。

天下霸唱起诉《九层妖塔》导演陆川以及制片方,认为原作的世界观、人物、情节被歪曲,如主要人物性格"变态",盗墓变考古等;这些改动使得"原作党"难以接受,给《九层妖塔》评分很低,进而影响原作小说的声誉,是侵害保护作品完整权的行为。

被告则认为改编没有达到歪曲的程度，适当的改编是被允许的，而且片头虽未明确署上天下霸唱的名字，但是标注了"改编自《鬼吹灯》"，已足够彰显原作的地位。

该案二审尚在审理中，但是出现的争议值得创作者深思并引以为戒。一审判决中，法院驳回了天下霸唱关于保护作品完整权的诉讼请求，认为制片方的改动在可接受程度之内。

案件评析与启示

■ 一审裁判要旨

- 根据《伯尔尼公约》和正在审议中的新《著作权法》，侵害保护作品完整权的行为应当导致原作者声誉受到客观损害，而不只是在心理上让原作者难以接受。

- 影视改编有其自身的特点，影视作品不同于文字作品的差异性决定了应该给影视作品的改编行为以更大的弹性和自由度。影视改编中，对原著的人物、事件、情节进行增删，甚至重新杜撰、加入当下时尚元素都是惯常的。如果希望限制改编的幅度，应在改编授权合同中加以明示。

被告认为只有"武松和潘金莲手拉手投靠梁山"级别的改动才是侵害保护作品完整权的篡改行为，而《九层妖塔》的改动只是惯常的商业安排；此外，将盗墓犯罪分子美化为考古队员是必要的，淡化盗墓、鬼等要素也是为了顺应审查机制。原告则认为改动已经达到了"武松和潘金莲手拉手投靠梁山"的程度，人物性格大变，从英武变得畏缩，世界观也面目全非。

为了证明原告名誉没有受损，被告指出《九层妖塔》在国际上夺得了不少奖项，以此证明改编很成功，影片公映后取得了较好的业内和社会反响，使小说的知名度得到提升，给小说作者带来较高的收益。原告则转述了观众的质疑,如"这种弱智的小说怎么火的",以此证明改动过大导致天下霸唱的人身以及小说的社会评价降低。

可见,歪曲、篡改的界限是难以划定的,原作者名誉受损与否也缺乏明确的标尺。为了避免此类争议,建议在改编授权合同中对改动幅度加以约定。约定可以是"负面清单"的形式,即"下列内容不得改动:一、……二、……"。

八　合理使用与法定许可

　情怀与致敬的正确姿势：《80后的独立宣言》海报中怀旧要素的合理使用

案件简述

上海美术电影制片厂（下称"美影厂"）拥有动画片《葫芦兄弟》中"葫芦娃"角色形象美术作品的著作权、动画片《黑猫警长》中"黑猫警长"角色形象美术作品的著作权。新影年代公司制作的电影《80后的独立宣言》的宣传海报上使用了美影厂拥有著作权的"葫芦娃"和"黑猫警长"角色形象美术作品，且有所变动。华谊兄弟在其新浪官方微博上还发布了该电影的涉案海报。

美影厂诉至法院，称：新影年代公司未经许可，使用"葫芦娃"和"黑猫警长"角色形象美术作品，构成对其修改权、复制权、发行权、信息网络传播权的侵犯；华谊兄弟在微博上发布海报的行为，构成对其信息网络传播权的侵犯。

被告抗辩：涉案电影讲述的是80后青年创业故事，其对涉案作品的使用是为了说明电影主角的年龄特征，构成著作权法上的"合理使用"。法院支持了被告的观点。

案件评析与启示

■ 裁判要旨

• 黑猫警长和葫芦娃等情怀色彩浓重的动画形象出现在其他作品中时,更多带有一种烘托时代背景的"致敬"意味,是一种"梗",容易构成著作权法上的合理使用。

• "致敬"不是构成合理使用的充分条件。"玩梗"不能损害原版权人对作品的正常使用。

根据著作权法的相关规定，构成合理使用的一种情形是指"适当引用"，即"为介绍，评论某一作品或者说明某一问题，在作品中适当引用他人已经发表的作品，可以不经著作权人许可，不向其支付报酬，但应当指明作者姓名、作品名称，并且不得侵犯著作权人依照本法享有的其他权利"。

法院认为，本案电影海报使用美影厂拥有版权的动画形象属于合理使用，论述精彩，摘录如下："葫芦娃""黑猫警长"是20世纪80年代家喻户晓的少儿动画形象，对于经历20世纪80年代少年儿童期的人们可谓深入人心，因此，"葫芦娃""黑猫警长"动画形象自然亦是20世纪80年代少年儿童的部分成长记忆。涉案电影海报中不仅仅引用了"葫芦娃""黑猫警长"美术作品，还引用了诸多20世纪80年代少年儿童经历的具有代表性的人、景、物，如：黑白电视机、落地灯、缝纫机、二八式自行车、热水瓶、痰盂、课桌、铅笔盒、铁皮青蛙、陀螺、弹珠、无花果及穿着白绿校服的少先队员升旗仪式、课堂活动、课余游戏等时代元素，涵盖了20世纪80年代少年儿童日用品，文教用品、玩具、零食以及生活学习场景等多个方面，整个电影海报内容呈现给受众的是关于20世纪80年代少年儿童日常生活经历的信息。因此，电影海报中引用"葫芦娃""黑猫警长"美术作品不再是单纯的再现"葫芦娃""黑猫警长"美术作品的艺术美感和功能，而是反映一代共同经历20世纪80年代少年儿童期，曾经经历"葫芦娃""黑猫警长"动画片盛播的时代年龄特征，亦符合电影主角的年龄特征。因此，"葫芦娃""黑猫警长"美术作品被引用在电影海报中具有了新的价值。意义和功能，其原有的艺术价值功能发生了转换，而且转换性程度较高，属于我国著作权法规定的为了说明某一问题而适当引用的情形。

法院对海报不会危及美影厂对其版权的利用的论证同样精彩：海报中所使用的包括"葫芦娃""黑猫警长"美术作品在内的时代元素均构成电影主角的背景图案，"葫芦娃""黑猫警长"美术作品与其他背景图案比例协调，并不存在相对于其他背景图案突出呈现且比例过大的情况，而相对于突出呈现的电影主角来看，"葫芦娃""黑猫警长"美术作品的比例是较小的，符合背景图案的功能。"葫芦娃""黑猫警长"是20世纪80年代代表性少儿动画形象，其如今以美术作品单纯的欣赏性使用作为正常使用的情况不多，因此，相关公众对该作品的使用需求通常情况下不太可能通过观赏涉案电影海报就能满足，从而放弃对原有作品的选择使用。因此，涉案电影海报中作为背景图案引用"葫芦娃""黑猫警长"美术作品不会产生替代性使用，亦不会影响权利人的正常使用，同时，涉案电影海报引用"葫芦娃""黑猫警长"美术作品旨在说明80后这一代20世纪80年代的少年儿童的年代特征，此创作应属特殊情况，不具有普遍性，而且涉案电影海报的发行期短暂，随着电影播映期的消逝，该电影海报的影响也会逐步减小，因此不会不合理地损害权利人的合法利益。

27 解构与侵权的界限：谷阿莫说电影、《一个馒头引发的血案》等"恶搞"短片引发的争议

案件简述

谷阿莫的电影评析节目自发布伊始，就受到无数年轻人的追捧。该节目通过简单幽默的语言，把数个小时的电影概括成几分钟的短片。《谷阿莫说故事》中的音频内容是创作者谷阿莫诵读自

己写作的文案，而视频内容主要由被"吐槽"的电影的原画面剪辑而成，因而面临着侵权的质疑。

此类"恶搞"性质的二次创作并非第一次遭到质疑。2005年，胡戈创作的《一个馒头引发的血案》（下称《馒头》）也引发了不小的争议。该片改编自陈凯歌导演的电影《无极》，通过央视《今日说法》的节目形式，将《无极》的对白重新改编。《馒头》虽然只有20分钟，但因为其无厘头的对白、滑稽的剪辑效果和搞笑另类的调侃广告而在网络上一夜爆红，下载率甚至远远高于《无极》本身。陈凯歌因此扬言起诉胡戈，而关于《馒头》是否侵权的问题，也掀起了法学界的一场大讨论。

案件评析与启示

■ 分析要旨

- 模仿原作内容并对原作加以解构性的讽刺和批评，在著作权法上属于"模仿讽刺"行为。
- 学界通说认为，模仿讽刺是对原作品的"合理使用"，并不侵权。

著作权立法的终极目的并非单纯地奖励作者，而是鼓励创作、推动知识传播。因此，著作权法还规定了"合理使用"的情形，允许在不妨碍作品正常利用、不无故侵害原作者合法利益的条件下，不经著作权人许可、不向其支付费用地使用某作品。

"模仿讽刺"是合理使用的一种。它源于英文的"parody"一词，指对知名作品进行改编，以达到对原作进行讽刺、嘲弄、批判或评论的目的，而不是仅仅借用原作引起人们对新作品的注意。与单纯的模仿不同，"模仿讽刺"虽然也引用了大量原作中的内容，但其目的是使原作品成为讽刺、批判原作本身的工具，表达了创作者与原作相对立的观点、立场或思想感情，具有独创性。

"模仿讽刺"因为对原作的批判、嘲弄，会使人对原作产生厌恶之情，这当然会对原作造成"损害"，但其并非著作权法上的"损害"。一部作品问世后，作者有权根据著作权法阻止他人未经许可的抄袭、剽窃等。但是，公众也有权对作品的内容和思想感情进行评论、批评和讽刺。

例如，当一部小说出版后，如果公众批评该小说格调低下、艺术表现手法过时，而使得销量不佳，那么小说作者只能容忍这种负面评论导致的"市场损害"。"模仿讽刺"是一种对原作进行评论的特殊形式，其批评或讽刺效果对原作造成的"市场损害"，不是著作权法所应当阻止的。

谷阿莫的视频虽然使用了原电影的画面和故事梗概，但谷阿莫通过简单、直白的吐槽，表达了观影者对电影中部分情节不合逻辑的嘲弄，符合"模仿讽刺"的特点。例如，谷阿莫针对多数电影的套路，率先使用"女主角好单纯好不做作，和外面那些妖艳贱货不一样"的句式。谷阿莫并非单纯地重新剪辑他人享有版权的影视作品，而是在用解构的手法进行文艺批评。

《馒头》也是一种"模仿讽刺"。例如，在一本正经地打出"满神"剧照的同时，还告诫家长，"一定要告诉你们的子女，如果在外面遇到了一个头发竖起的阿姨，不管她问什么，一定要回答'不愿意'，以免耽误终身大事"。显然，《馒头》剪辑"满神"的镜头，并非是为了让观众欣赏《无极》中的情节，而是为了讽刺《无极》中"满神"这一人物的虚伪和狡诈。

28 制作录音制品法定许可：洪如丁、韩伟与广东大圣文化传播有限公司、广州音像出版社侵犯著作权纠纷案

案件简述

《打起手鼓唱起歌》是施光南作曲、韩伟作词的音乐作品。施光南是洪如丁的丈夫。施光南去世后，其继承人洪如丁及词作者韩伟分别将该音乐作品的公开表演权、广播权和录制发行权分别授权中国音乐著作权协会（下称"音著协"）管理。

2004年，罗林（艺名刀郎）与大圣公司签订合同，约定：罗林许可大圣公司将罗林制作并享有版权的《喀什噶尔胡杨》歌唱类音乐专辑节目制作成录音制品（CD）并出版发行。同年，大圣公司与广州音像出版社签订合同，约定由后者制作、出版发行《喀什噶尔胡杨》专辑CD。

为了制作、发行20万张《喀什噶尔胡杨》专辑CD，广州音像出版社向音著协申请使用音乐作品《冰山上的雪莲》《打起手鼓唱起歌》《亚克西》，并向音著协支付3首音乐作品的使用费21900元。随后，音著协为此出具《音乐著作权使用收费证明》。

2005年3月2日，洪如丁、韩伟购买了上述CD，其中第10首歌曲为《打起手鼓唱起歌》。CD包装上版权管理信息记载："本专辑内所有录音版权及图像归广东大圣文化传播有限公司/罗林共同拥有，未经授权严禁使用。"为此，洪如丁、韩伟以大圣公司等未取得其许可，复制、发行上述音像制品，侵犯其著作权为由，诉至法院，请求赔偿。

案件评析与启示

■ 裁判要旨

- 经著作权人许可制作的音乐作品的录音制品一经公开，其他人再使用该音乐作品另行制作录音制品并复制、发行，不需要经过音乐作品的著作权人许可，但应依法向著作权人支付报酬。此为制作录音制品法定许可。

- 《中华人民共和国著作权法（修订草案送审稿）》已经删去了制作录音制品法定许可。《著作权法》最终修订结果尚未公布，但是考虑到本案例已经过去多年，结合司法实践和修订草案送审稿透露的司法政策风向，有理由期待作录音制品法定许可退出历史舞台。

- 立法尚未变动的情况下，为了避免适用过低的政府指导价，艺术家可以声明制作录音制品法定许可不适用于自己的作品，并尽量争取在书面许可协议上写下较高的价格。委托音著协管理音乐作品著作权的，许可费费率由音著协确定，著作权人无法自行抬价，但音著协的推广渠道功能和便利的关系网络能够在一定程度上弥补不够高的费率。

根据《著作权法》第40条第1款，录音录像制品的制作者使用他人作品制作录音录像制品，应依法取得著作权人许可，并支付报酬；但是，该条第3款设定了法定许可，限制音乐作品著作权人的权利："录音制作者使用他人已经合法录制为录音制品的音乐作品制作录音制品，可以不经著作权人许可，但应当按照规定支付报酬；著作权人声明不许使用的不得使用"。需注意的是，著作权人可以用主动声明的方式排除法定许可，掌控主动权。

法律只是规定，使用他人已合法录制为录音制品的音乐作品"制作"录音制品，可以不经著作权人许可，但法院认为，该规定的立法本意是为了便于和促进音乐作品的传播，因此，"制作"录音制品之后"复制、发行"的行为，用样在法定许可的覆盖范围内。因此，经著作权人许可制作的音乐作品的录音制品一经公开，其他人再使用该音乐作品另行制作录音制品并复制、发行，不需要经过音乐作品的著作权人许可，但应依法向著作权人支付报酬。

本案中，《喀什噶尔胡杨》专辑 CD 中使用的音乐作品《打起手鼓唱起歌》，已经在该专辑发行前被他人多次制作成录音制品广泛传播，且著作权人没有声明不许使用，故大圣公司、广州音像出版社等使用该音乐作品制作并复制、发行《喀什噶尔胡杨》专辑 CD，符合《著作权法》第 40 条第 3 款法定许可的规定，不构成侵权。

在法律修订前，还是应当依照现行法律行事。法定许可的报酬如何确定？《著作权法》第 28 条规定，使用作品的付酬标准可以由当事人约定，也可以按照国务院著作权行政管理部门会同有关部门制定的付酬标准支付报酬。当事人约定不明确的，按照国务院著作权行政管理部门会同有关部门制定的付酬标准支付报酬。1993 年 8 月国家版权局发布的《录音法定许可付酬标准暂行规定》目前仍是各有关单位及著作权集体管理组织参照执行的依据，所以法院在当事人没有约定的情况下，一般按照该规定确定付酬标准。该规定过于久远，设定的价格标准很低（批发单价×版税率 3.5%×录音制品制作数量），对许可人十分不利。

九 侵权与维权的时下新热点

泛娱乐产业链中的 IP 衍生品维权：游戏版《鬼吹灯》二次改编纠纷案

案件简述

2006 年之前，天下霸唱（笔名）完成了《鬼吹灯》小说的创作。其后，玄霆公司取得了小说的著作权。玄霆公司与城漫公司签订合同，许可城漫公司将《鬼吹灯》小说改编成《鬼吹灯》漫画。2007 年，城漫公司（甲方）与游趣公司（乙方）签订合同，约定"共同规划合作以下事宜：1. 基于甲方（被告）漫画《鬼吹灯》形象的网络游戏开发及授权；2. 甲方所拥有的内容版权的网络游戏版权开发……合作方式：1. 乙方（原告）以漫画《鬼吹灯》形象为基础进行网络游戏开发及运营。2. 甲方合法拥有漫画《鬼吹灯》相关版权，并授权乙方进行独家网络游戏产品开发及运营"。

2009 年，玄霆公司起诉游趣公司，称后者开发的网络游戏《鬼吹灯》在多个方面与其享有著作权的《鬼吹灯》小说雷同，侵犯了其享有的著作财产权中的改编权。随后，麦石公司也提起诉讼，称自己已从玄霆公司处依法取得了《鬼吹灯》小说独占网络游戏改编权，游趣公司开发《鬼吹灯》网络游戏的行为侵犯了其享有的独占改编权。最终，玄霆公司、麦石公司与游趣公司和解协议，许可游趣公司开发、运营 3DMMORPG 游戏《鬼吹灯 on-line》，但游趣公司要支付和解金。

支付完和解金后，游趣公司转而起诉城漫公司，称城漫公司未尽到充分授权的义务而导致自己的经济损失，要求赔偿。法院则认定城漫公司没有这样的义务，不需要赔偿游趣公司。

 案件评析与启示

■ 裁判要旨

• 改编某一衍生作品，需要取得的不仅是衍生作品的授权，还要取得衍生作品的原作的授权。购买版权时应当明确所购买的是原作版权还是衍生作品版权，抑或兼而有之。

• 签订改编权协议时，最好在"陈述与保障"条款中约定授权方所许可的权利是完整、充分的且足以满足合同目的，否则被许可方可能遭受版权索赔且无法向许可方追偿。

《鬼吹灯》从小说改编为漫画，再从漫画改编为游戏，经过了二次演绎。根据《著作权法》第35条，二次演绎属于"二手"改编，需要经过原作者和"一手"改编作者的双重授权。具体到本案中，游趣公司想做《鬼吹灯》的游戏，不是只取得漫画版权人城漫公司许可就万事大吉，而是还必须取得小说版权人玄霆公司的许可。游趣公司支付巨额和解金，是由于其对著作权法的"二次演绎须取得双重授权"规则不熟悉。

游趣公司的另一个失误在于与城漫公司签订的合同约定粗疏，以至于无法向后者追偿和解金。法院认为，根据游趣公司、城漫公司间的合同，双方没有提及要取得《鬼吹灯》小说著作权人的改编授权。作为授权方的城漫公司仅是《鬼吹灯》漫画的著作权人而不是《鬼吹灯》小说的著作权人。法院甚至指出，"鉴于《鬼吹灯》小说作品具有较高的知名度"，作为网络游戏的开发者的游趣公司应当对此知情；言外之意就是，游趣公司没在和城漫公司的

合同里提及小说授权，但是它应该知道小说授权也是有必要的。由此可见，司法系统对购买改编权的当事人寄予较高的期待，要求他们了解版权法以及自己所购买的作品的性质，否则后果自负。

法院这样的要求对于国内目前的市场参与者而言略显苛刻。为了保障自身权益，在签合同购买版权或版权许可时，最好在"承诺与保证"条款中约定，授权方所转让或许可的权利是完整、充分的且足以满足合同目的。假设本案中城漫公司和游趣公司做出了这样的约定，那么城漫公司仅转让漫画授权便不足以满足开发网游的合同目的，属于违约（因为它"承诺并保证"自己转让的漫画授权足以改编网游，但事实并非如此），进而应当赔偿违约对游趣公司造成的损失，即巨额和解金。

30 续集拍摄：九夜茴与搜狐《匆匆那年》续集拍摄纠纷案

案件简述

九夜茴将《匆匆那年》的电影改编权许可给小马奔腾影业，将电视剧、网络剧的改编权永久转让给了搜狐。网络剧和电影版《匆匆那年》先后上线。搜狐又打算拍续集，引起了九夜茴不满。九夜茴发公告表示不曾转让拍摄续集的权利，然而搜狐态度强硬，表示已经买断了《匆匆那年》电视剧、网络剧的永久改编权。

案件评析与启示

■ **分析要旨**

• 影视改编协议应当尽可能细致地规定许可或转让的权利内容、期限，尽量分割版权，慎用永久、全部等词汇。

自己已经着手创作续集的九夜茴，在搜狐表态后无法回应，多半是因为自己和搜狐签改编权协议时不够谨慎或过于想当然，没意识到自己已经永久丧失了《匆匆那年》的电视剧、网络剧改编权，只能自认倒霉。

九夜茴的惨痛教训提醒各位作者，在改编授权合同中，要注意以下几点：

第一，将版权尽量"掰碎"，拆分出细致的权利内容。如改编权，是授权把原作改编成话剧、电影、广播剧、网络剧、电视剧还是电影？包括不包括根据人物或设定制作衍生节目或续集的权利？包不包括将人物等要素商品化的权利？

第二，谨慎措辞，避免打包授权。除非条件优渥或实在缺少谈判筹码，不建议使用笼统的措辞，如"将影视改编权许可给被许可人"，更不建议加入"永久""全部""一次性""买断"等词汇。当然，即便没有前述这些极端词汇，只要没有限制性的语句，合同还是会被解释为暗含"全部""永久""买断"的意思。因此，一定要对授权的范围、时间加以限制。

第三，特别关注期限和次数。一旦改编授权到期，原作者还可以收回"泼出去的水"，但如果一开始就没有约定授权期限，则授权将默认是永久的。次数的重要性在于，有时作者以为片方只会改编一次，但实际上只要有商业价值，片方会不断重复利用，这可能与作者自己的利益有冲突。

第四，注意有无转许可、再转让的条款。若版权被买断，则买方当然有权授权他人使用作品。即便没有被买断，如果含有此类条款，那么原作者对改编的控制力度也将大打折扣。

31 编剧的保密义务：电视剧《毛泽东》编剧微博"晒剧本"案

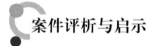

案件简述

电视剧《毛泽东》曾在央视一套黄金时间热播。电视剧总编剧黄晖因不满电视剧被"过分"删改而将剧本公开于微博之上，称"既然奉命缄口，原本要发的牢骚，只能不发了。好在剧本文字版权还是我的，剧也快播完了，趁着这一两天能腾出空，改晒剧本吧——晒剧本总归不犯法"。

案件评析与启示

■ 分析要旨

• 编剧不一定享有剧本文字的版权，这取决于委托创作合同的约定。

• 即便享有剧本文字的版权，"晒剧本"也可能违反合同中的保密条款，给片方造成的损失，需要承担相应的赔偿责任。

基于版权的可分割性，签署剧本委托创作协议时，片方往往希望获得更多的剧本版权，一次性买断足够大的商业价值，拍完电视剧，不给编剧额外报酬就可以再拍电影、网络剧等；而剧作家则希望保留更多的剧本版权，细水长流，从每一次改编中获利。剧本版权的实际归属取决于合同条款的规定。如果约定不明确，那么根据委托作品、影视作品版权归属的一般规则，编剧享有可单独行使的剧本版权。

即便剧本文字版权真的还在黄晖手里，他的行为仍然是有风险的。"奉命缄口"说明他和片方是有协议的。这一协议可能是常见的"不发表负面言论"条款（常见于演员聘任合同），也可能是保密条款。

保密条款一般会首先划定秘密信息的范围，标准语句是"编剧承认，在履行合同义务过程中会知悉或取得且无法自公开渠道获得的另一方的文件及资料（包括但不限于商业秘密、公司计划、财务信息、经营信息及其他商业秘密等，此后被称作保密信息）"。在影视领域，保密信息往往特指"剧本（电子版或纸介版）的全部或部分、非制片公司发布的电视剧剧情梗概、故事大纲、分集大纲、导演、演员、创作团队名单、拍摄进度等，或文学剧本或电视剧相关的一切信息"。

编剧应当对上述信息保守秘密。在一般的保密条款中，律师会写上"未经对方书面同意，任何一方不得向任何第三方泄露本合同以及本合同相关的一切信息"。且为了尽可能规避风险，还要加上"在合同终止后"，甚至"无论合同是否生效，上述保密义务都应当继续履行"的条款。这是因为，有时一部作品的剧本编剧创作完成了，编剧的义务便履行完毕，但制片公司可能为了商业考量，推迟了几年时间才拍这部剧，或者电视剧拍摄难度很大，用几年的时间才摄制完成。此时就需要编剧在合同终止后仍履行保密义务。保密义务到何时终止，条款中也应当注明，"直到对方同意其解除本项义务，或事实上不会因违反本合同的保密条款而给对方造成任何形式的损害时为止"。

32 著作权登记证书的效力：《富春山居图》剧本抄袭案

案件简述

张恒国是自由编剧。他在北京电影学院学习期间，独立创作了《博弈图》剧本，并将该剧本作为结业作品由北京电影学院文学系存档。张恒国曾响应剧本征集启事，用邮箱发送剧本附件。其后，派格太合公司拍摄了电影《天机·富春山居图》（简称《富春山居图》），孙建军为该电影的署名编剧。

影片公映后，张恒国发现该电影的故事基本框架与其创作的电影《博弈图》剧本存在相似，但片方并没有获得自己的授权。因此，他认为电影《富春山居图》使用了自己享有著作权的剧本，构成抄袭，且侵害了其依法享有的署名权、摄制权和改编权。

派格太合公司辩称：该公司并没有创作剧本；孙建军独立创作完成了《富春山居图》剧本并依法进行了著作权登记，享有完整著作权；张恒国没有证据证明其《博弈图》剧本与孙建军的《富春山居图》剧本存在相似之处。

孙建军辩称：《富春山居图》剧本是其自己独立创作完成的，并依法进行了著作权登记；自己没有机会接触到原告的剧本，不可能抄袭；电影《富春山居图》及其剧本与张恒国的《博弈图》剧本在表达的主题思想、人物关系塑造、情节设计、故事架构、故事结局等各方面均无任何雷同，更不存在实质性相似。

张恒国最终败诉，主要原因是举证不力。

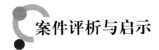
案件评析与启示

■ 裁判要旨

• 著作权登记证书虽然不能完全证明著作权的归属,有被推翻的风险,但是要挑战著作权登记证书必须出示充分的证据,否则法院将依据证书认定著作权归属。为避免被"抢注",建议有条件的作者创作完成后立即登记。

• "高级剽窃"在技术上难以被证明,因为著作权法不保护思想只保护表达,只要细节安排出入较大,抄袭就难以成立。

• 毕业设计剧本创作以后存档于学校会被视作无法被社会接触,进而无法被抄袭。若以电子邮件附件投稿,则出示证据时不能只提供邮件正文,应该连附件一起去公证处公证。

• 原告举证不力,致使法官在行使自由裁量权时没有支持原告,而是按照举证责任分配制度让原告自担后果。

张恒国认为,虽然孙建军持有著作权登记证书,但这不意味着他确实创作了剧本。根据《最高人民法院关于审理著作权民事纠纷案件适用法律若干问题的解释》第7条的规定,法院认为,当事人提供的著作权登记证书等可以作为证据证明著作权归属;虽然登记证书只是初步证据,可以被反证推翻,但张恒国未提出反证,因此陷于不利。

张恒国认为,虽然乍看之下自己的剧本和孙建军的剧本不同,但那只是孙建军修改文字后的高级剽窃,不能单从文字是否等同上进行判断。在故事梗概部分,电影《富春山居图》的海报中提到了"博弈"和"临危受命",也涉及国际黑帮,这些均和其剧本相同。此外,在人物设计方面都存在一个中性人物。

法院认为,海报上的关键词是通用词汇,不能被任何个人所独享,因此,在表达相同情景时使用该词汇并不必然导致侵权。至于人物设计中都存在中性人物的问题,法院认为,设计正反派人物时,安排中性人物属于惯常的思路,并不能因为存在中性人物就认定侵权,还应该具体比对该人物的设计、由于该人物存在引发的具体情节以及人物性格等因素;经比对,《富春山居图》剧本与《博弈图》剧本关于中性人物的设计、情节和性格均不同。换言之,两剧本只是一些抽象要素一致,但要素的外化的、具体的呈现方式则不同。

此外,张恒国还主张《富春山居图》剧本与《博弈图》剧本存在44处相同场景,且故事展开的节奏相同。两剧本相同场景并非具体的台词相同,而是指场景介绍、人物与动作的描写等的内容相同。由此,张恒国主张《富春山居图》剧本并非对其剧本进行简单文字抄袭,而是进行了高级剽窃。

法院认为,《著作权法》保护作品的主题、思想和情感的具体表达或表现,而不是作品所体现的主题、思想和情感自身。在比较两作品在表达上是否存在实质性相似时并非简单地进行文字对比,还应对其表达方式和表现形式进行比对。本案中,《富春山居图》剧本并非是对《博弈图》剧本的简单文字替换。张恒国指出的相同之处均同为场景介绍、人物与动作的描写等内容,这些内容在具体场景中的表达和设置上均存在明显的不同,不构成实质性相似。由此可见,在法院眼中,易于察觉的、外化的表达方式上的雷同更容易被认定为抄袭;即便要素近似,只要它们在具体情境中的呈现有差异,就难说构成抄袭。

判断作品是否构成抄袭,除了"实质相似",还应当从"接触"考虑。凡是依据社会通常情况,具有合理的机会或者合理的可能性阅读或听闻作品的，即构成"接触"。本案中，张恒国创作的剧本《博弈图》并未公开发表，其在创作完成后于北京电影学院存档。张恒国在庭审提交一份发给案外人侯堃的电子邮件，称将剧本发给了侯堃，希望参加剧本征集，而侯堃和孙建军熟悉，因此孙建军有接触到其剧本的可能。但是，法院认为，无法确认其所发送的邮件附件中的剧本与其主张权利的剧本是一致的，也无法证明侯堃与孙建军存在何种关系。因此，法院认为张恒国主张孙建军和派格太合公司接触过其剧本的主张不能成立。

可见，除了所谓"高级剽窃"确实难以证明，张恒国败诉主要是因为举证不力：一是未能推翻孙建军著作权登记证书的推定效力；二是未能用妥善手段证明自己的剧本不是一直存档于北影，而是曾经通过电子邮件向他人传递。法院认为，张恒国出示的邮件的附件不一定是其主张被抄袭的剧本；但是法院的这一怀疑完全是可以打消的，去公证处对整封电子邮件（含附件）进行公证即可。著作权登记证书固然难以推翻，但这也警醒广大作者，如有条件应在创作完成时尽快申请登记，避免被"抢注"。

文案创意剽窃：女子十二乐坊策划文案商业秘密纠纷案

案件简述

张铁军于1998年4月正式形成了《中华女子乐坊创意策划文案》（以下简称《策划文案》）和《北京中华女子乐坊文化发展有限公司整合报告》（以下简称《整合报告》）。1999年初，王晓京到张铁军的办公室看到了《策划文案》，提出就该项目合作，张铁军将《策划文案》和《整合报告》交给王晓京。

后王晓京自行成立了女子十二乐坊，具体由世纪星碟公司全面实施。世纪星碟公司持有的《"女子十二乐坊"项目实施计划》（以下简称《实施计划》）的表现形式和内容与《整合报告》一致。王晓京和世纪星碟公司在全国多家媒体上声称自己是女子乐坊的创建人。

张铁军曾经起诉王晓京抄袭，但由于《实施计划》与《整合报告》主要的相似之处是商业模式等思想而非具体的表达，法院根据"著作权法不保护思想只保护表达"的原则，不认定存在抄袭。于是张铁军转而诉诸商业秘密制度，认为王晓京以合作为名，采取不正当的手段骗取了其商业秘密《整合报告》，并在世纪星碟公司的女子十二乐坊中披露、实施、使用，侵犯了其商业秘密。

王晓京和世纪星碟公司原审共同辩称：张铁军主张作为商业秘密的《整合报告》只是实施《策划文案》的计划，而《策划文案》的作者并不是张铁军。张铁军对《整合报告》和《策划文案》也没有采取任何保密措施，且《整合报告》中所称的"民乐""女子乐坊"等均属于公知范围，不属于商业秘密。

案件评析与启示

■ 裁判要旨

- 文案、策划人员应当谨慎保管自己的劳动产品。著作权法不保护"点子"，他人对文案思想的窃取不构成著作权法意义上的侵权行为。
- 对于高度机密的商业文件，应采取上锁、加密、让能接触到的人签署保密协议等措施。

根据《反不正当竞争法》，商业秘密是指不为公众所知悉、能为权利人带来经济利益、具有实用性并经权利人采取保密措施的技术信息和经营信息。张铁军虽主张其对《整合报告》采取了相关保密措施,但未能充分举证证明。张铁军曾将《整合报告》交付王晓京,但并未与王晓京就此签订保密协议。据此,法院认为《整合报告》不具备商业秘密的秘密性,进而不属于商业秘密。

34 作品名称遭商标抢注:"娃哈哈"商标权与在先著作权纠纷案

案件简述

原告郭石夫于1954年11月创作了歌曲《娃哈哈》,并于1956年发表。他认为自己拥有《娃哈哈》歌名、歌词的著作权,且"娃哈哈"既是歌名,又是其中的歌词,为原告所独创。此外,《娃哈哈》发表后被广泛传唱,在全国范围内有相当影响,因此,擅自注册、使用"娃哈哈"标识属于《反不正当竞争法》第5条第2款所禁止的"搭便车"行为。

被告杭州娃哈哈集团公司自1989年起,未经原告同意,将"娃哈哈"作为文字商标、文字与图形组合商标申请注册,在全国各地销售带有"娃哈哈"商标的商品。原告认为,被告申请、使用商标的行为侵犯了自己的在先权利,即对"娃哈哈"的版权。又因为"娃哈哈"还是知名商品的名称,所以原告还认为被告的行为属于"搭便车"式的不正当竞争。

法院判定原告败诉,因为短歌名"娃哈哈"太短而难以被视为含有独创性,不构成作品,不受版权保护;不正当竞争的诉讼策略也未成功,因为原被告不是同一领域的经营者,消费者不会产生混淆。

案件评析与启示

■ **裁判要旨**

- 短歌词、短歌名即使被他人擅自使用也可能无法维权，应引起作者重视。如有必要可抢先注册商标。

- 歌曲和与该歌曲重名的商标所标识的商品，面向的消费者和所处的市场不同，难以使消费者对商品的供应源产生认知混淆，所以他人未经许可使用短歌名作为商标的行为难以构成"搭便车"式的不正当竞争。

《著作权法》第3条、《著作权法实施条例》第2条对著作权法的保护范围及含义作了明确规定，作品名称不在著作权法的保护之列。

在确定著作权法保护对象时，应当首先确定要求保护的作品或作品的一部分是否是作者全部思想的独特表现。从语言文字学的角度看，"娃哈哈"是"娃娃笑哈哈"的缩句形式。"娃哈哈"作为歌词的组成部分，其主要作用在于连接上下句歌词，并不是作者思想的独特表现。因此，法院认为短歌名兼歌词"娃哈哈"不是受著作权法保护的作品。

不正当竞争方面，法院认为，原告为作曲家，并非经营者，原告的作品和被告的作品分属不同的领域，原被告间不存在同一行业竞争关系。因此被告注册商标的行为不构成不正当竞争。

35 集体管理组织维权：中国摄影著作权协会维权案

案件简述

中国摄影著作权协会（下称"摄著协"）是经国家主管行政机关批准成立、在民政部登记注册的中国摄影著作权集体管理组织。2011年1月10日，欧阳星凯与摄著协签订《摄影著作权合同》，约定欧阳星凯同意将其创作的全部摄影作品的法定许可获酬权、复制权、展览权、放映权、广播权、信息网络传播权授予摄著协以信托的方式管理。

根据合同，在管理欧阳星凯摄影作品的权利时，摄著协以自己的名义同作品使用者商谈使用条件，并发放摄影作品使用许可证、向使用者征集作品的使用情况、向使用者收取使用费。摄著协根据作品使用情况和摄著协章程与欧阳星凯分享收取的使用费。摄著协为有效管理欧阳星凯授予的权利，有权以自己的名义向侵权者提起诉讼，双方另有约定的除外。

中国民族摄影艺术出版社出版发行了欧阳星凯的名为《洪江》的个人摄影作品集，摄著协主张其对其中26幅摄影作品享有权利。该书版权页记载作者为欧阳星凯。封面有"欧阳星凯作品"字样。

北青网公司在其域名为 msn.ynet.com 的网站（简称涉案网站）上传播了"中国即将消失的传统生活"系列摄影作品，其中有26幅作品与摄著协主张权利的作品相同。摄著协对此进行了公证证据保全，起诉北青网侵犯26幅作品的信息网络传播权。

北青网公司未举证证明其传播上述26幅摄影作品经过了合法授权。在收到本案诉状后，北青网公司从涉案网站上删除了涉案 26 幅摄影作品。

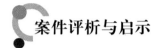案件评析与启示

■ 裁判要旨

• 著作权集体管理组织规模较大、资源较多，对于缺乏经验和精力的艺术家而言，不失为降低维权成本的有益手段。

根据摄著协和会员都需要遵守的《中国摄影著作权协会章程》以及《中国摄影著作权集体管理知识问答》，摄著协与其会员欧阳星凯之间构成信托关系。会员向摄著协转让了作品的版权，名义上著作权已经不属于会员，而属于摄著协，但这只是名义上的。从作品中实质取得收益的受益权仍然属于会员，这种受益体现为摄著协收取作品使用费后与会员的分成。摄著协自己保留的分成是它管理作品所应得的报酬。

在上述关系中，摄著协属于信托的受托人，会员则属于信托的委托人、受益人。受托人为受益人的利益而持有信托财产（摄影作品）的名义所有权，但受益人实际享有从信托财产中获益的实质所有权。可见，信托关系是人为地分割了财产的名义所有权和实质所有权。为了充分保障受益人的权益，受托人能够且应当积极行使自己的名义所有权，包括在财产被侵犯时起诉获得赔偿。

36 向搜索引擎维权：百度 MP3 搜索引擎侵权案

案件简述

泛亚公司发现，通过百度搜索引擎的 MP3 搜索框，可以搜到其享有著作权的《你的选择》等歌曲的盗版文件的下载或在线试听链接。百度公司的音乐盒服务则相当于 MP3 搜索的收藏夹，能够记录和管理用户的搜索指令，功能类似浏览器的收藏夹。此外，百度 MP3 搜索页面还有专门的"歌词"按钮，可直接向用户提供存储于百度服务器上的歌词"快照"。

于是，泛亚公司向百度发出若干删除通知，附上了侵权歌曲的链接，百度相应地移除了链接。泛亚公司又向百度发出律师函，列举了若干自己享有著作权的歌曲，要求百度不仅要移除之前公函上明确给出的链接，还应当主动排查有无其他侵权链接并予以移除。百度认为律师函未附具体网址，所以未按照律师函采取行动，因此被泛亚公司告上法庭。

法院认为：百度 MP3 搜索和音乐盒服务没有本质区别，都适用"通知—删除"规则。百度 MP3 搜索页面的歌词"快照"功能构成侵权。泛亚公司的律师函确实不够详尽，但是百度公司的消极态度也不应予以鼓励，双方对于未能及时移除侵权链接造成的损害均有过失。

案件评析与启示

■ 裁判要旨

• 搜索引擎属于网络服务提供商而不是网络内容提供商,鉴于网络信息流量过大,不能要求搜索引擎充分过滤侵权信息。只要接到删除通知后及时妥善地采取行动,搜索引擎便不承担侵权责任。

• 维权者向搜索引擎等网络服务提供商发出删除侵权链接的通知,应当尽可能详细,并包括以下内容:

(一)权利人的姓名(名称)、联系方式和地址;

(二)要求删除或者断开链接的侵权作品、表演、录音录像制品的名称和网络地址;

(三)构成侵权的初步证明材料。

• 即便收到的删除通知不够详细,搜索引擎也不得以此为由完全不予理睬,如果发送通知的权利人过去曾经发送过详细的删除通知则更是如此。搜索引擎应当更进一步,从过往的删除通知中找出能够补足新通知的信息,或与权利人联系获得更多信息。

• 搜索引擎的"快照"功能不一定和搜索引擎的一般功能一样被认定为单纯的网络技术服务,而可能被认定为直接提供网络内容,进而可能侵犯信息网络传播权。如果"快照"存储在搜索引擎自身的服务器上,且确实影响了权利人的收益,那么搜索引擎的"快照"被认定为侵权的可能性更大。

• 现实中,百度、腾讯等互联网巨头由于资金、公关等实力强劲,对维权者而言是"啃不动"的硬骨头。然而,司法政策并不姑息这些公司对版权事务的消极态度，维权者在成本允许的情况下应当精准发力、全力争取。

百度提供的 MP3 搜索是针对特定格式文件的搜索，其基本过程包括：数据抓取、建立索引数据库、在用户输入关键词后进行相关性排序、将结果返回用户。百度提供的是 MP3 文件的链接地址的搜索结果列表，点击链接可以播放或者下载该 MP3 文件，同时可显示该搜索结果的来源地址（第三方网站），整个过程并不脱离百度网站的页面。在该过程中，百度搜索引擎根据用户的指令，为用户提供其认为最符合用户要求的内容，关键词的选择以及链接结果的选择均是基于用户的意志，搜索引擎只是在用户和内容之间建立起了一座桥梁，将用户指引到其所需要的内容，搜索引擎本身并不提供内容，而只是提供便利用户找到内容的服务。

百度音乐盒是百度基于 MP3 搜索而提供的一种延伸服务。与基于空白搜索框的 MP3 搜索相比，音乐盒服务增加了如下的设计：自动调用用户计算机中的播放软件、记录搜索指令并主动提供链接地址、提供 LRC 歌词搜索。音乐盒相当于用户搜索指令的"收藏夹"，最初的搜索指令仍然是用户所输入的，百度只是记录了该指令，省略了用户再次输入的过程以及选择具体链接地址的过程，LRC 歌词也是基于用户所输入的关键词进行的搜索，并非百度网站主动向用户提供或推荐了歌曲。据此，法院认为音乐盒本质上还是提供搜索引擎服务，与前述的 MP3 搜索没有本质区别。

网络上内容庞杂，数量巨大，搜索引擎服务旨在方便用户快捷、准确地找到其需要的内容，在目前的技术条件下，搜索引擎无法对所搜索内容的合法性（尤其是著作权方面的合法性）进行预先判断，不能仅因为搜索结果中包含有侵权内容即认定其有过错，追究其侵权责任。百度的 MP3 搜索也是一样，其搜索针对的是 MP3 格式的音频文件，其在抓取、分析网络上指向 MP3 文件的链接、文字描述等周边信息的基础上建立索引库，在用户输入关键词之后，从中找到其认为相关的内容，以列表的形式返回用户。在此过程中，其是基于技术的安排，自动地提供服务，并未对搜索结果进行主动干预，其无从知晓搜索结果是否侵犯他人著作权。因此，通常情况下，基于空白搜索框的百度 MP3 搜索不因为搜索结果中包含有侵权链接而与第三方网站承担侵犯著作权的连带责任。只有接到权利人的删除通知后行动不力才可能导致百度承担侵权责任。

根据《信息网络传播权保护条例》第 14 条，权利人的删除通知应包含下列内容：

（1）权利人的姓名（名称）、联系方式和地址；

（2）要求删除或者断开链接的侵权作品、表演、录音录像制品的名称和网络地址；

（3）构成侵权的初步证明材料。

维权过程中，泛亚公司发送了两种通知。第一种通知除列明了歌曲名、词曲内容、作者名称外，还列出了泛亚公司查找到的具体链接地址。第二种通知即律师函，没有列出具体链接地址，而是要求删除或屏蔽与其主张权利的歌曲有关的所有侵权链接，并要求百度按照第一种通知中提示的查找侵权歌曲网址的办法确定所有侵权歌曲的网址。百度接到泛亚公司第一种通知后，已将通知中列明的 351 首歌曲所在的第三方网站的具体 MP3 链接地址全部删除，对第二种通知则没有采取行动。

法院认为，百度对第一种通知采取的行动是妥善的，足以免责。泛亚公司发出的第二种通知并不完全符合法律规定，信息不完整，因此对于百度没有及时、充分回应，泛亚公司自己具有一定过错。但是，百度公司的消极态度也是一种过错。泛亚公司之前已经发送过 9 份信息完整的删除通知，百度也已据此删除了大量侵权链接。因此，百度对于泛亚公司权利人的身份以及通过自己的 MP3 搜索服务能够搜索到盗版音乐的事实应有所了解。

如前所述，由于网络上信息量巨大且时时变化，法律不要求搜索引擎保证搜索结果不侵犯他人著作权。但是，网络信息流量巨大是客观存在的，对搜索引擎等服务商是如此，对于维权者而言更是如此。要求维权者穷尽所有具体侵权链接，并在此基础上撰写删除通知，实属强人所难。所以，百度接到泛亚公司的律师函时，尽管其中没有具体的侵权链接地址，但作为一个负责任的搜索引擎服务提供者，百度应当意识到其 MP3 搜索结果中仍然存在侵犯泛亚公司权利的链接地址，而且泛亚公司已明确表明希望其断开的意图。百度不应仅因为该律师公函不符合通知的要件就对其视而不见、置之不理，它有义务与泛亚公司联系协商，以得到符合条件的通知，或者其他信息使其能够采取合理的措施停止对侵权结果的链接。百度却没有采取任何行动，因此对侵犯泛亚公司权利的作品继续传播所导致的损失应负有一定责任。

百度 MP3 页面上的"歌词"功能则未能豁免——法院认为在歌词提供这件事上，百度已经不单纯是搜索引擎，而是直接提供了歌词内容。百度提供的歌词"快照"是通过搜索引擎从第三方网站搜索出来并存储在百度网站服务器中的，如果第三方网站上没有相应的歌词文本文件，百度网站的搜索引擎就无法搜索到相关歌词文件，无法以"快照"形式显示歌词。因此，百度提供的歌词"快照"服务与搜索引擎服务是有密切联系的。但这并不能说明此种服务仅仅就是搜索引擎服务。根据泛亚公司提交的《公证书》，可以看出，通过 MP3 搜索框在百度网站页面上点击"歌词"按钮，可以直接显示有关涉案歌词。显示歌词的页面底端的"http：//mp3.baidu.com/m? tn......"字样，显然是百度网站服务器地址。百度也明确认可"快照"形式的有关歌词储存于百度网站服务器上。因此，法院认定，百度将歌词放置在其服务器上、由用户通过点击百度网站 MP3 搜索框的"歌词"按钮的方式向用户提供歌词的行为属于"复制"和"上载"作品的行为，其提供的歌词"快照"服务并非仅仅是搜索引擎服务，已构成在网络上传播作品的行为。

百度主张其提供的歌词"快照"功能是对搜索结果文本信息的"自动缓存"，类似于对网页 html 文件的快照，属于《信息网络传播权保护条例》第 21 条所称的"自动存储"，因此应当免责。《信息网络传播权保护条例》第 21 条规定，网络服务提供者为提高传输效率，自动存储从其他网络服务提供者获得的作品、表演、录音录像制品，根据技术安排自动向服务对象提供，并具备下列条件的，不承担赔偿责任：（1）未改变自动存储的作品、表演、录音录像制品；（2）不影响提供作品、表演、录音录像制品的原网络服务提供者掌握服务对象获取该作品、表演、录音录像制品的情况；（3）在原网络服务提供者修改、删除或者屏蔽该作品、表演、录音录像制品时，根据技术安排自动予以修改、删除或者屏蔽。法院认为，本案中，第（2）项条件未得到满足，因此百度不能以自动存储为由主张免责。

本案中，百度网页上只提供了一个歌词文本文件的"快照"，且未显示歌词"快照"对应的最初提供歌词的第三方网站上 LRC 文本文件的网络地址，没有给用户以点击访问该网站的机会。即使百度后来更改百度网页，使其显示了全部的歌词"快照"文本文件及其对应的最初提供歌词的第三方网站的网络地址，但是，由于歌词全文置于歌词出处之前，大多数用户在一般情况下仍然会首先选择在百度网站页面上而不是点击最初提供歌词的第三方网站的网址去获得歌词。因此，歌词"快照"显示方式上的变化，并没有改变用户直接从百度网站页面获取歌词的方式，百度完全起到了替代第三方网站提供歌词的作用。虽然百度主张其"快照"类似于对网页 html 文件的快照，但是，二者的技术含义是否相同对于本案并不重要，关键在于，百度提供的"快照"或"缓存"服务，客观上起到了让用户直接从其服务器上获取歌词的作用，足以影响提供歌词的第三方的市场利益。《信息网络传播权保护条例》第 21 条第（2）项未能得到满足，百度无法主张自动存储的抗辩理由。